동양 고전의 세계

장영기 · 배인수 · 신창호 공저

서현사

머리말

21세기 초반인 현재, 중국 사상을 중심으로 하는 동양의 사고 체계는 전 지구적 차원에서 영향력을 발휘한다. 그것은 '동 아시아적 가치' 로 표현되면서, 근대 서구인들의 이성과 합리성, 과학의 발달과 그로 인한 인간의 소외를 극복할 수 있는 대안으로 거론되기도 했다. 특히 공자가 창시한 것으로 인식되는 유학의 경우, 현대 자본주의와 결합되어 '유교자본주의' 라는 말을 만들어낼 정도로 그 가치의 공과功過를 저울질하기도 한다.

그런데 유학을 비롯한 다양한 동양의 사유는 상당히 복잡한 양상을 드러낸다. 동양 사상의 도구언어인 한자나 한문의 해독도 어려운 데, 사상 자체의 분지分枝와 얽힘은 사상에의 접근을 쉽게 허락하지 않는다. 이런 인식은 다른 측면으로 보면 그만큼 사상의 심오함과 묘미를 느낄 수 있다는 의미이다.

이 책의 목적은 간단하다. 동양사상에 대한 관심이 증대되는 가운데, 어떻게 하면 전반적으로 동양사상의 세계로 안내할 수 있는가? 특히 고등교육을 받은 사람들이 일반적으로 동양사상에 입문하는 과정에서 어떤 부분들을 맛보면 거부감을 최소화하며 접근성을 높일 수 있을까? 이런 고민들이 이 책을 기획하게 만들었다.

수 년전 『중국고전의 이해』라는 소개서를 출간한 바 있다. 그러나 그 책은 여러 측면에서 부족했다. 이에 이번 기회에 동양사상에 관심있는 독자들의 학습에 실질적으로 도움을 주기 위해, 새롭게 체제를 구성하고, 수정 보완하였다. 이 책에서 다루고 있는 고전은, 『천자문』『사자소학』『명심보감』『고문진보』『논어』

『맹자』『대학』『중용』『시경』『서경』『주역』『춘추』『사기』『노자도덕경』『장자』 등 문학, 역사, 철학에 걸쳐 15종을 망라하였다. 기본체제는 고전소개, 원문 맛보기, 사고력 심화를 중심으로 하되, 필요한 부분은 간략한 해설과 한자를 제시하여 스스로 학습할 수 있게 하였다.

저자들은 여러 해 동안 대학 강단에서 동양사상을 강의해 왔다. 강의 때마다 느끼는 것이지만, 동양사상은 달리 말하면 우리 전통사상임에도 불구하고, 학생들은 아주 낯설게 받아들이고 있다는 점이다. 이유는 여러 가지 일 것이다. 서구, 특히 1945년 이후 밀려들어온 미국 문화의 영향이 클 것으로 판단된다. 서구 문명의 이식과 동시에 우리 전통과 동양 사상은 침식侵蝕되고, 서구적 사유가 우리 것으로 대체된 듯하다. 그래도 강의와 일상생활 중에 간간히 드러나는 우리 학생들의 무의식에는 동양적 사고가 엿보였다. 때로는 동양사상에 대한 호기심을 발동하기도 한다. 이 책이 그들의 비판적이고 창의적인 사고력 함양에 약간이나마 도움이 된다면 더욱 좋겠다.

2007. 8 저자

차 례

제2부 문학과 정서

제3부 역사와 진실

제4부 철학과 삶

서론

한자와 한문, 동양 고전의 세계로 들어가기 위한 첫 걸음

한자는 '한漢' 민족의 문자이다. 한 민족은 현재 중국 인구의 대부분을 차지하고 있으며, 화하華夏 혹은 중화中華 민족이라고도 한다. 한자는 지금으로부터 약 5,000여 년 전에 만들어 졌다고 전해진다. 중국 고대의 황제黃帝가 세상을 다스리던 시기에 사관이었던 창힐蒼頡이 새 발자국 모양을 보고 만들었다 한다.

황제는 중국 고대의 신화전설에 나오는 제왕으로 중국 전체 민족의 시조신으로 일컬어진다. 황제가 처음으로 제후가 되었을 때, 세상은 매우 소란스럽고 분쟁이 끊이지 않았다고 한다. 특히 치우蚩尤는 포악하여 난을 일으켰는데 천자인 신농씨神農氏가 그를 평정하지 못했다. 이 때 황제가 탁록涿鹿의 벌판에서 치우를 잡아 죽였다. 이에 제후들이 신농씨를 대신하여 황제를 천자로 추대하였다. 황제는 100년 동안 임금의 자리에 있으면서 동서남북으로 영토를 확장하고, 항상 영지를 순행하며 길을 만들어서 세상을 평안하게 만들었다고 한다. 이 시기에 창힐에게 육서六書를 만들게 하

漢 한수 한
華 꽃 화
夏 여름 하
黃 누를 황
帝 임금 제
蒼 푸를 창
頡 곧은목 힐
蚩 어리석을 치
尤 더욱 우
農 농사 농
涿 들을 탁
鹿 사슴 록

結 맺을 결
繩 줄 승
甲 거북 갑
骨 뼈 골
象 코끼리 상
形 모양 형
表 겉 표
音 소리 음
意 뜻 의
篆 전자 전
書 쓸 서
隷 붙을 예
楷 나무이름 해

였는데, 그것이 한자의 기원이라고 한다. 창힐은 새나 짐승의 발자국을 보고 최초로 문자를 만들었다. 창힐이 문자를 창안하기 전까지는 새끼나 노끈에 매듭을 만들어 기호로 표시하던 결승문자結繩文字를 사용했다고 한다. 이외에도 복희씨가 팔괘를 그어서 한자를 만들었다는 전설도 있다.

지금까지 알려진 가장 오래된 한자의 형태는 약 3,500여년 전 황하를 중심으로 중국 고대 문명을 이루었던 은나라 민족이 사용한 갑골문자甲骨文字이다. 갑골문자는 중국 하남성의 은허에서 발견되었는데, 거북의 등껍질이나 짐승의 뼈에 새긴 글자이다. 이런 점에서 볼 때, 한자의 원형은 사물의 모양을 본떠서 만든 상형문자象形文字로 추측된다. 상형문자는 글자의 모양만 보아도 어느 정도 뜻을 알 수 있다. 그러기에 한자는 한글이나 영어처럼 소리로 의미를 드러내는 표음문자表音文字가 아니라, 뜻으로 의미를 알려주는 표의문자表意文字이다. 이후 주나라 때 금속류에 조각하거나 악기나 무기, 도장, 돈, 솥 등에 새긴 글씨인 금문金文도 상형문자가 많은 점으로 미루어 보아, 상형문자가 한자의 초기 모습인 것은 분명하다.

그러나 춘추시대에 들어서면서 글자의 형태는 비슷했으나 지역에 따라 글 쓰는 방법이 달라졌고, 전국시대에는 글자의 형체가 엄청나게 변하기 시작했다. 왜냐하면 귀족과 같은 특수한 계층들이 문화를 독점하던 관행이 타파되면서, 문자는 민간으로 널리 퍼졌고, 정치 · 경제 · 문화가 급속히 발전하면서 점점 많은 사람들이 한자를 사용하게 되었기 때문이다. 이 과정에서 글자를 쉽게 쓰기 위하여 다양한 속자가 생기면서 글자는 간소하게 되었고, 각 지방마다 나라의 특성에 따라 글자의 쓰임도 변화무쌍했다. 이와 같은 문자의 다양화를 하나로 통일시킨 것이 중국 최초의 통일 국가를 이룬 진시황이다. 진시황은 전서篆書로 문자를 규범화하였다. 이후 한자는 전서에서 예서隷書, 예서에서 해서楷書로 변했지만 한자 자형에 근본적인 변화는 없었다.

오늘날의 한자는 최초에는 사물의 모습이나 그림인 상형이었다가, 점차로 상징적인 기호로 발전했다. 한자는 인간의 문명이 성숙하면서 그것을 표현하는 방법이 다양해짐에 따라 그 숫자도 크게 증가하였다. 한나라 때 허신(58~147년 경)에 의해 편찬된 최초의 문자서인 『설문해자』에서는 한자를 부수별로 나누고 9,000여 자를 수록하였다. 그 후 청나라 때 강희제(1654~1722)의 칙명에 의해 편찬된 『강희자전』에는 49,000여 자가 수록되어 있다. 오늘날에는 80,000여 자의 글자가 확인되고 있다고 하니, 2,000여 년의 세월동안 엄청나게 글자가 증가했음을 알 수 있다.

이런 한자를 바탕으로 글을 구성한 것이 한문漢文이다. 한문은 우리나라 글인 한글과 문장의 구조와 형식에서 매우 다르다. 오히려 영어의 문장 구조와 유사한 부분이 있다. 문장에서 가장 기본이 되는 형식은 '花開(꽃이 피다)' 와 같이 주어와 술어로 이루어진 것이다. 여기에 '日出於東海(해가 동해에서 떠오르다)' 와 같이 보어를 삽입하여 뜻을 분명하게 하는 주어+술어+보어의 형식이 있고, '我讀書(나는 책을 읽는다)' 와 같이 타동사가 쓰일 때 목적어가 필요한 형식도 있다. 즉 주어+술어+목적어로 이루어진 영어 문법에서 3형식과 같은 체제이다. 이외에도 '先生講漢文於學生(선생이 학생에게 한문을 강의한다)' 와 같이 주어와 술어, 목적어, 보어가 함께 쓰인 복잡한 형식도 있다.

문장의 표현 형식도 가지각색이다. '聖人 百世之師也(성인은 영원한 스승이다)' 와 같은 일반적으로 긍정을 나타내는 평서문이 있고, '勿謂今日不學而有來日(오늘 배우지 않고서 내일이 있다고 말하지 말라)와 같은 사물의 동작이나 상태 등을 부정하는 부정문도 있다. 또한 '汝其知也 其不知耶(너는 그것을 아느냐 모르느냐?)와 같은 의문문, '百聞不如一見(백 번 듣는 것이 한번 보는 것

花 꽃 화
開 열 개
東 동녘 동
海 바다 해
我 나 아
讀 읽을 독
講 익힐 강
聖 성스러울 성
師 스승 사
勿 말 물
謂 이를 위
聞 들을 문

知 알 지
者 놈 자
樂 즐길 락,
좋아할 요
溫 따뜻할 온
步 걸음 보
笑 웃을 소
淡 묽을 담
報 갚을 보
福 복 복
恩 은혜 은

만 못하다)와 같은 비교문, 嗚呼 痛哉(아, 슬프도다!)와 같은 감탄문도 있다. 이외에도 금지문, 명령문, 가정문, 사역문, 피동문 등 그 표현은 이루 헤아릴 수 없다.

특히 조사나 접속사는 한문 해석에서 중요한 역할을 하는데, 주요한 것 몇 가지를 들면 다음과 같다.

'者'는 쓰임에 따라 사람을 나타내기도 하고 사물을 가리키기도 하며, 시간이나 공간을 표현할 때도 쓴다. '知者樂水 仁者樂山'이라고 했을 때 '者'는 '지혜로운 사람, 어진 사람'으로 번역되므로 사람을 나타낸다.

'而'의 경우, 문장을 이어주는 글자인데, 한글로 번역할 때는 '그리고' '그러나' '그래서' 등과 같은 접속사로 쓰인다. '溫故而知新'에서 '而'는 '옛 것을 익힌다. 그리고 새 것을 안다.'로 번역하므로 '옛 것을 익히고 새 것을 안다'고 줄여서 쓸 수 있다.

'以'는 수단이나 도구, 신분이나 자격, 원인이나 결과를 나타낼 때 많이 쓴다. 예를 들면, '以五十步 笑百步'라고 했을 때 직역하면 '오십보로써 백보를 비웃는다'가 되는데, 이때 '以'의 쓰임이 그러하다.

'之'의 경우에는 동사로 쓰일 때는 '가다'라는 뜻이지만, 조사로 쓰일 때는 '~의' '~이' '~을'로도 쓰이고, 대명사로서 '그것, 이것'으로도 쓰인다. 이는 문장에 따라 파악하는 수밖에 없다. '君子之交 淡如水'는 '군자의 사귐은 맑기가 물과 같다'로 번역하는데, 이때는 '~의'로 쓰였다. 그런데 '爲善者 天報之以福'은 '착한 일을 행하는 사람은 하늘이 복으로 그것에 보답한다'로 번역할 수 있는데, 이 경우에는 '착한 일을 한 사람의 행위'를 뜻하는 대명사 '그것'으로 쓰였다.

'於'는 '~에' '~에서' '~에 대하여' '~보다' 등 다양하게 쓰인다. '父母之恩 高於山'은 '부모의 은혜가 산보다 높다'로 번역되는데, '~보다'라는 비교형으로 쓰였다.

이외에 '獨' '直' '但' '只' '惟' '已' 와 같은 글자는 유독, 다만, 단, 오직, 뿐 등과 같이 사물의 범위나 인간의 행위를 한정하는 글자로 쓰인다. 예컨대 '只在此山中' 은 '다만 이 산 가운데 있다' 와 같은 문장이다. 그리고 가능성을 나타내는 글자의 대표적인 사례로 '足' 이나 '可' 가 있는데, '족히 할 수 있다. ~하기에 충분하다. ~하기에 좋다' 등으로 번역할 수 있다. '朝三而暮四 足乎' 라고 했을 때, '아침에 세 개, 저녁에 네 개면 충분한가?' 로 옮길 수 있는 것과 같다.

獨 홀로 독
直 곧을 직
但 다만 단
只 다만 지
惟 생각할 유
已 이미 이
此 이 차
朝 아침 조
暮 저물 모
足 발 족

제1부

고전 입문

제1장
천자문千字文

남의 단점을 말하지 말고
나의 장점을 믿지 말라
罔談彼短 靡恃己長
『千字文』

우주와 인문 법칙을 담은 『천자문』

『천자문』은 문자 그대로 1,000개의 한자로 구성된 책이다. 1,000개의 글자는 네 자씩 짝을 맞춘 사언고시四言古詩 250구로 이루어져 있다. 이것을 지은 사람은 중국 양梁나라 때의 학자였던 주흥사周興嗣라고 한다. 그 내용은 "천지현황天地玄黃"으로 시작하여 "언재호야焉哉乎也"로 끝나는데, 단순하게 글자 1,000개를 모아놓은 것이 아니다. 다시 말하면 250구 125절의 구절 속에는 하늘과 땅, 이 우주 삼라만상의 온갖 법칙이 담겨져 있다. 뿐만 아니라 인간의 삶과 도리, 수양의 방식 등 다양한 삶의 법칙을 담고 있는 명문이자 명시집이다.

詩 시 시
梁 들보 양
周 두루 주
興 일어날 흥
嗣 이을 사

『천자문』은 전통적으로 붓글씨를 쓸 때, 그 교본의 하나였다고 전해진다. 그러나 앞에서 설명한 것처럼, 그 내용과 의미의 오묘함으로 볼 때, 동양인들의 심오한 자연관과 인간관을 표현하고 있어, 동양 사상을 함축적으로 보여준다.

『천자문』이 언제 우리나라에 전해졌는지 그 시기는 정확하지 않다. 백제 때 왕인王仁이 『논어』 10권과 함께 『천자문』 1권을 왜[일본]에 전했다는 기록이 있는 것으로 보아 그 이전에 들어온 것으로 추측된다. 『천자문』이 유입된 이후, 그것은 한문 초보자에게 입문서이자 필수 교재로 중요하게 여겨졌다. 조선 선조 때 한호韓濩, 즉 한석봉韓石峯이 쓴 『석봉천자문』이 유명하다.

원문 맛보기

天地玄黃 宇宙洪荒

하늘은 가물거리고 땅은 누렇도다.

우주는 크고 거칠기도 하구나.

天 하늘 천
地 땅 지
玄 가물 현
黃 누를 황
宇 집 우
宙 집 주
洪 클 홍
荒 거칠 황

현황玄黃; 현玄은 검붉은 색을 의미하고 황黃은 땅의 빛깔이다. 즉 하늘은 검붉고 땅은 누런색이라는 말이다. 황토黃土, 황하黃河, 황해黃海 등의 색깔이 이런 어원을 반영한다.

홍황洪荒; 홍洪은 하천이 넘칠 정도의 큰 홍수를 말하고, 황荒은 잡초가 무성하여 어디가 땅이고 어디가 삼림인지 분별하기 어렵다는 의미이다. 황무지와 같은 거친 땅을 뜻하기도 한다.

생각의 창

『천자문』은 하늘과 땅, 천지天地 우주宇宙의 모습을 맨 앞에 놓고, 무궁無窮하고 광대廣大한 세상을 설명하고 있다. 어찌 보면 인간의 삶은 이 세상, 자연의 파악으로부터 시작된다. 동양인들이 파악한 자연은, 하늘은 끝없이 가물거리는 허공이며 검붉은 모습이었고, 땅은 누렇게 인식되었던 모양이다. 그리고 우주는 너무나 크고 넓은 거친 들판이 끝없이 이어진 모습으로 보였으리라.

日 날 일
月 달 월
盈 찰 영
昃 기울 측
辰 별 진
宿 잘 숙
列 벌 열
張 베풀 장

日月盈昃 辰宿列張
해와 달은 가득 차면 기울게 마련.
별 자리는 제 위치에 널려 있도다.

영측盈昃; 영盈은 달이 초승달에서 보름달로 차오르는 것을 말하고, 측昃은 해가 동쪽에서 서쪽으로 기울어가는 것을 의미한다.

열장列張; 별이 제 각각 자기 위치에 자리 잡고 하늘을 수놓고 있다는 말이다.

 생각의 창

해와 달과 별의 움직임을 아주 간략하고도 구체적으로 일러주는 대목이다. 해는 동쪽에서 솟아오르고 서쪽으로 기울며, 달은 점점 차올랐다가 이지러진다. 별은 자기 자리에서 끊임없이 움직인다. 인간 세상도 이와 유사한 부분이 있다. 서산에 기우는 해를 인생의 황혼에 비유하기도 하고, 동쪽에서 솟아오르는 해를 보며 생명력을 느끼기도 한다.

寒 찰 한
來 올 래
暑 더울 서
往 갈 왕
秋 가을 추
收 거둘 수
冬 겨울 동
藏 감출 장

寒來暑往 秋收冬藏
추위가 오면 더위는 가네.
가을엔 거둬들이고 겨울엔 저장하네.

 생각의 창

일 년에는 사계절四季節이 있다. 봄-여름-가을-겨울. 사계절의 순환은 자연의 법칙이다. 인간의 일생도 이와 유사한 과정을 거친다. 추위가 오면 더위는 물러가고, 가을에는 봄에 심었던 곡식을

수확하고 겨울을 나기 위해 이를 저장한다. 더운 여름이 가고 시원한 가을을 맞듯이 겨울이 오면 봄이 가까웠음을 알아챌 수 있다. 수확의 계절인 가을은 인생에서 장년기에 비유할 수 있는데, 인생은 봄 여름 가을에 씨뿌리고 열심히 일하여 만년을 준비해야 삶이 안정된다. 이 구절은 계절의 순환과 자연의 이치를 잘 설명하고 있다.

知過必改　得能莫忘

잘못을 알면 반드시 고쳐라.

재주를 얻었을 때 실천함을 잊어서는 안 되리라.

知 알 지
過 지날 과
必 반드시 필
改 고칠 개
得 얻을 득
能 재능 능
莫 없을 막
忘 잊을 망

생각의 창

이 구절은 인간의 행동이 어떠한 기준을 가져야 하는지 일러 주고 있다. 어떤 일에서 잘못했거나 허물이 있을 때 그것을 고치는 데 주저하지 말아야 한다. 그리고 자신이 체득한 재능에 따라 자신이 해야 할 일, 본분과 역할을 잊지 말고 충실히 이행해야 한다. 이런 삶의 태도는 자기 이해, 다른 사람에 대한 배려와 연관된다.

罔談彼短　靡恃己長

남의 단점을 말하지 말라.

나의 장점을 믿지 말라.

罔 없을 망
談 이야기 담
彼 저 피
短 짧을 단
靡 없을 미
恃 믿을 시
己 몸 기
長 길 장

생각의 창

보통 사람들은 자신의 장점을 지나치게 자랑하거나 남의 단점을 헐뜯기 일쑤다. 이 구절은 남에게 오만한 마음을 가지기 쉬운 인간들에게 경계의 차원에서 던지는 화두이다. 상대방이 좀 모자라는 단점이 있다고 이리 저리 흠 잡아서는 안 된다. 내가 남보다 나은 장점이 있다고 자만해서는 안 된다. 장점만을 내세우고 단점을 헐

뜨으면 그 만큼 인격을 손상하게 된다. 사람은 누구나 장점과 단점이 동시에 있게 마련이다. 자기 자랑과 남에 대한 흉을 보기에 앞서 서로 이해하고 배려하는 마음을 가져야 한다.

孤 외로울 고
陋 좁을 루
寡 적을 과
聞 들을 문
愚 어리석을 우
蒙 어릴 몽
等 무리 등
誚 꾸짖을 초

孤陋 寡聞 愚蒙等誚

홀로 되어 도량이 좁아 듣는 것이 적으면,
어리석고 몽매한 사람과 같아서 남의 비방을 듣게 마련이다.

과문寡聞; 보고 듣는 견문見聞이 적음을 뜻한다.
등초等誚; 나무람을 받다, 즉 꾸짖음이나 충고를 받는 것을 말한다.

생각의 창

사람은 다양한 경험을 하며 어울려 산다. 여기저기 돌아다니며 나와 다른 삶의 모습, 이질적인 이야기를 보고 들으며 배운다. 자기의 좁은 견해를 고집스럽게 주장하면 '무지無知하다' 는 비방을 면하지 못한다. 따라서 자기만의 편협한 지식이나 사고를 벗어나 허심탄회하게 남의 의견을 경청할 줄 알아야 한다. 즉 상대방에게 열린 마음으로 다가가 배운다는 자세를 지녀야 큰 사람이 될 수 있다.

개념 용어 정리

다음에 제시한 용어나 개념의 의미를 확인하고, 일상생활의 교양 수준에서 어떻게 활용할 수 있는지, 실천 방안을 고민해 보자.

* 天地:
* 宇宙:
* 日月:
* 寒暑:
* 改過:
* 長短:

생각 넓히기

1. 『천자문』 전체를 읽어 보고, 어떤 내용이 담겨 있는지 정리해 보자.
2. 『천자문』 이외에도, 우리나라 사람이 쓴 한문 입문 교재로 『신증유합新增類合』, 『훈몽자회訓蒙字會』 등 여러 가지가 있다. 조선시대 한문 입문 교재로 어떤 책이 있는지, 그 명칭과 내용을 조사해 보자.
3. 조선시대 『천자문』 중에 가장 유명한 것이 『석봉 천자문』이다. 그것을 쓴 명필 한호의 필체를 감상해 보자.

『천자문』 이해에 도움이 될 만한 책

김　근. 『욕망하는 천자문』. 서울: 삼인, 2003.
김성동. 『천자문-하늘의 섭리 땅의 도리』. 서울: 청년사, 2004.
박광민. 『천자문에서 삶의 길을 찾다』. 서울: 넥서스아카데미, 2006.
성동호 역해. 『천자문』. 서울: 홍신문화사, 1990.
성백효. 『주해 천자문』. 서울: 전통문화연구회, 1992.

제2장
사자소학四字小學

덕을 쌓은 집안은
반드시 경사가 있으리
積德之家 必有餘慶
『四字小學』

윤리 도덕 교육의 지침서 『사자소학』

『사자소학』이라는 책은 말 그대로 보면 다음과 같은 의미에서 비롯된 것이다. 사자四字-네 글자가 하나의 구절을 이루고 있고, 그것을 소학小學-어린이의 배움이라는 의미가 합쳐진 내용을 담고 있다.

옛날부터 우리나라는 어린이 교육을 매우 중시했다. 어린이 교육에서 가장 중시한 내용은 올바른 품성稟性을 기르는 도덕 교육이었다. 지식의 주입보다는 바른 인간으로 자라기를 소망하면서 일상생활에서의 기본 예절을 강조했다.

즉 인간에게 가장 중요한 윤리倫理는 무엇인가?

인간은 무엇으로 살아가는가?

어떤 행위가 도덕적인가?

이처럼 『사자소학』은 인간의 윤리 도덕을 함양하기 위해 『논어』를 비롯한 여러 유학자들의 경전 및 성현의 말씀 가운데 쉬운 내용들을 뽑아 네 글자씩 맞추어 엮은 책이다.

稟 줄 품
性 성품 성
倫 인륜 윤
理 다스릴 리

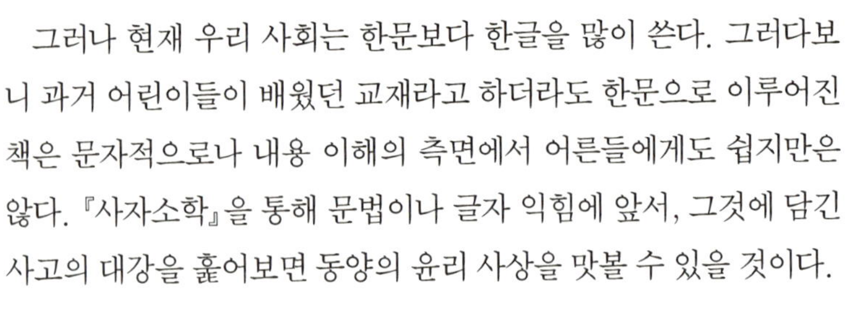

그러나 현재 우리 사회는 한문보다 한글을 많이 쓴다. 그러다보니 과거 어린이들이 배웠던 교재라고 하더라도 한문으로 이루어진 책은 문자적으로나 내용 이해의 측면에서 어른들에게도 쉽지만은 않다. 『사자소학』을 통해 문법이나 글자 익힘에 앞서, 그것에 담긴 사고의 대강을 훑어보면 동양의 윤리 사상을 맛볼 수 있을 것이다.

원문 맛보기

父生我身하시고 母鞠我身이로다	아버지는 내 몸을 낳으시고 어머니는 내 몸을 기르셨다.	鞠 기를 국
腹以懷我하시고 乳以哺我로다	배로써 나를 품어 주시고 젖으로써 나를 먹여 주셨다.	腹 배 복 懷 품을 회 乳 젖 유 哺 먹일 포
以衣溫我하시고 以食飽我로다	옷으로써 나를 따뜻하게 하시고 밥으로써 나를 배부르게 하셨다.	溫 따뜻할 온 飽 배부를 포
恩高如天하시고 德厚似地하니	은혜는 높기가 하늘과 같으시고 덕은 두텁기가 땅과 같으시니	恩 은혜 은 德 덕 덕 厚 두터울 후
爲人子者가 曷不爲孝리오	사람의 자식 된 자가 어찌 효도를 하지 않겠는가?	曷 어찌 갈
欲報其德인댄 昊天罔極이로다	그 은덕을 갚고자 하면 하늘처럼 다함이 없다.	欲 하고자할 욕 報 갚을 보 昊 하늘 호 極 다할 극
長者慈幼하고 幼者敬長하라	어른은 어린이를 사랑하고 어린이는 어른을 공경하라.	慈 사랑할 자 幼 어릴 유 敬 공경할 경
長者之前엔 進退必恭하라	어른 앞에서는 나아가고 물러날 때 반드시 공손히 하라.	恭 공손할 공

近 가까울 근 墨 먹 묵
黑 검을 흑 朱 붉을 주
赤 붉을 적

近墨者黑이요 먹을 가까이 하는 사람은 검어지고
近朱者赤이니 붉은 것을 가까이 하는 사람은 붉게 되니

居 살 거 擇 가릴 택
隣 이웃 린 就 나아갈 취

居必擇隣하고 사는 곳에서는 반드시 이웃을 가리고
就必有德하라 나아갈 때는 반드시 덕 있는 사람을 찾아가라.

積 쌓을 적 餘 남을 여
慶 경사스러울 경

積德之家엔 덕을 쌓은 집안은
必有餘慶이오 반드시 경사가 있으리요

殃 재앙 앙

積惡之家엔 악을 쌓은 집안은
必有餘殃이니라 반드시 재앙이 있으리라.

親 친할 친 義 옳을 의

父子有親하고 부모와 자식 사이에는 친함이 있고
君臣有義하며 임금과 신하 사이에는 의리가 있으며

婦 아내 부 別 분별할 별

夫婦有別하고 남편과 아내 사이에는 분별이 있고
長幼有序하며 어른과 아이 사이에는 차례가 있으며

朋 벗 붕 信 믿을 신
謂 이를 위

朋友有信이니 벗과 벗 사이에는 믿음이 있으니
是謂五倫이니라 이것을 오륜이라고 한다.

視 볼 시 思 생각할 사
明 밝을 명 聽 들을 청
聰 귀밝을 총

視思必明하고 볼 때는 반드시 밝게 볼 것을 생각하고
聽思必聰하고 들을 때는 반드시 밝게 들을 것을 생각하고

貌 모양 모

色思必溫하고 얼굴빛은 반드시 온화하게 할 것을 생각하고
貌思必恭하고 용모는 반드시 공손하게 할 것을 생각하고

言思必忠하고 事思必敬하고	말은 반드시 충실하게 할 것을 생각하고 일은 반드시 공경하게 할 것을 생각하고	
疑思必問하고 忿思必難하고	의심나는 것은 반드시 물을 것을 생각하고 성이 날 때는 반드시 나중에 어려움을 생각하고	疑 의심할 의 忿 성낼 분 難 어려울 난
見得思義니 是謂九思니라	얻은 것을 보면 옳음을 생각해야 하니 이것을 일러 '아홉 가지 생각- 구사' 라고 한다.	
足容必重하고 手容必恭하고	발걸음의 모습은 반드시 무겁게 하고 손의 모습은 반드시 공손하게 하고	容 얼굴 용 重 무거울 중
頭容必直하고 目容必端하고	머리의 모습은 반드시 곧게 하고 눈의 모습은 반드시 바르게 하고	頭 머리 두 直 바를 직 端 바를 단
口容必止하고 聲容必靜하고	입의 모습은 반드시 듬직하게 하고 소리의 모습은 반드시 고요하게 하고	聲 소리 성 靜 고요할 정
氣容必肅하고 立容必德하고	숨쉴 때의 모습은 반드시 엄숙하게 하고 서 있는 모습은 반드시 덕이 있게 하고	氣 기운 기 肅 엄숙할 숙
色容必莊하고 是謂九容이니라	얼굴 모습은 반드시 씩씩하게 할 것이니 이것을 '아홉 가지 모습-구용' 이라고 한다.	莊 씩씩할 장

개념 용어 정리

* 다음에 제시한 용어나 개념의 의미를 확인하고, 일상생활의 교양 수준에서 어떻게 활용할 수 있는지, 실천 방안을 고민해 보자.

* 恩德:
* 長幼:
* 恭敬 :
* 近墨者黑:
* 容貌:
* 九思:
* 九容:

생각 넓히기

1. 『사자소학』에는 여러 판본이 있다. 그 중 하나를 골라 전문을 읽어 보고, 어떤 내용이 담겨 있는지 정리해 보자.
2. 『사자소학』의 내용 중 현대 민주주의 사회와 잘 맞지 않는 윤리 도덕이 있다면 한두 가지를 들고, 그 이유를 설명해 보자.
3. 『사자소학』의 여러 구절 중 자신의 마음에 와 닿는 것이 있으면, 한두 가지를 들고 그 이유를 설명해 보자.

『사자소학』 이해에 도움이 될 만한 책

성균관. 『사자소학』. 서울: 성균관출판부, 1997.

성백효. 『사자소학』. 서울: 전통문화연구회, 1992.

이정석. 『사자소학』. 서울: 에스디코리아, 2000.

진태하. 『사자소학』. 서울: 생동, 2002.

함현찬. 『사자소학』. -교사용지도서. 서울: 전통문화연구회, 2000.

제3장
명심보감明心寶鑑

옥은 다듬지 않으면 그릇이 되지 못하고
사람은 배우지 않으면 의리를 알지 못한다
玉不琢 不成器 人不學 不知義
『明心寶鑑』

배우는 사람들의 기본 교양서 『명심보감』

『명심보감』은 옛날 성현들의 글을 모아 배움을 추구하는 사람들에게 교양으로 가르쳤던 책이다. 일반적으로 고려시대 충렬왕 때의 학자였던 추적秋適이 편집한 것으로 알려져 왔으나, 실제로는 중국 명나라 때 범입본范立本이 편찬한 것으로 밝혀졌다.

秋 가을 추
適 갈 적
范 풀이름 범

『명심보감』은 '마음을 밝혀주는 보배로운 거울' 이라는 뜻이다. 여기에는 사람이 이 세상을 살아가면서 인격을 수양하는 데 지침이 될 만한 글들이 가득 차 있다. 책장을 넘기면 첫 번째 구절에 공자의 말을 인용한 다음과 같은 글이 나온다. "착한 일을 하는 사람에게는 하늘이 복을 주시고 악한 일을 하는 사람에게는 하늘이 재앙을 주시느니라(爲善者 天報之以福 爲不善者 天報之以禍)." 이것만 보아도 착한 행실의 권장과 악한 행위에 대한 경계를 통해 인격 수양의 원리와 방법이 제시될 것을 예상할 수 있다.

善 착할 선
禍 재난 화

이러한 인격 수양을 위한 명언들은 「계선繼善」, 「효행孝行」, 「안분安分」, 「존심存心」, 「근학勤學」, 「교우交友」, 「권학勸學」 등 여러 편에 주제별로 잘 정돈되어 있다.

원문 맛보기

順 순할 순
逆 거스를 역

子曰 順天者는 存하고 逆天者는 亡이니라.

공자께서 말씀하셨다.

"하늘을 순종하는 자는 살고, 하늘을 거역하는 자는 망한다."

富 넉넉할 부
貴 귀할 귀

子曰 死生有命이오 富貴在天이니라.

공자께서 말씀하셨다.

"죽고 사는 것은 목숨에 있고 부자나 귀하게 되는 것은 하늘에 달려 있다."

衆 무리 중
察 살필 찰

子曰 衆이 好之라도 必察焉하며 衆이 惡之라도 必察焉이니라.

공자께서 말씀하셨다.

"모든 사람이 좋아하더라도 반드시 그 일에 대해 살펴야 하며, 모든 사람이 싫어하더라도 반드시 그 일에 대해 살펴야 한다."

納 바칠 납
履 신 리
冠 갓 관

太公曰 瓜田에 不納履하고 李下에 不正冠이니라.

태공이 말하였다.

"남의 오이밭을 지나갈 때에는 신을 고쳐 신지 말고, 남의 배나무 아래에선 갓을 고쳐 쓰지 말라."

景 볕 경
錄 기록할 록
務 일 무
貪 탐할 탐
憂 근심할 우

景行錄云 知足可樂이오 務貪則憂니라.

경행록에 이르기를,

"넉넉함을 알면 즐거울 수 있고, 욕심을 내면 근심이 있게 된다."

道吾善者는 是吾賊이오 道吾惡者는 是吾師니라.

나를 보고 착하다고 말하는 사람은 내게 해로운 사람이요,
나를 보고 나쁘다고 말하는 사람은 나의 스승이니라.

道 길 도
賊 도둑 적

生事事生이오 省事事省이니라.

일을 만들면 일이 생기고 일을 덜어내면 일이 줄어든다.

事 일 사
省 덜 생

禮記曰 玉不琢이면 不成器하고 人不學이면 不知義니라.

예기에 말하였다.

"옥은 다듬지 않으면 그릇이 되지 못하고, 사람은 배우지 않으면 옳음을 알지 못한다."

禮 예절 예
記 기록할 기
琢 쫄 탁
器 그릇 기

太公曰 人生不學이면 如冥冥夜行이니라.

태공이 말하였다.

"사람이 배우지 않으면 어둡고 깜깜한 밤길을 가는 것과 같다."

冥 어두울 명
夜 밤 야

畵虎畵皮難畵骨이요 知人知面不知心이니라.

범을 그리되 겉의 가죽 모양은 그릴 수 있으나 속의 뼈는 그리기 어렵고, 사람을 알되 얼굴 모습은 볼 수 있으나 마음은 알지 못한다.

畵 그림 화
虎 호랑이 호
難 어려울 난

黃金千兩 未爲貴요 得人一語 勝千金이니라.

황금 천 냥이 귀한 것이 아니고 사람의 진실한 말 한마디 듣는 것이 천금보다 낫다.

語 말씀 어
勝 이길 승

家 집 가
至 이를 지
淸 맑을 청
魚 고기 어
徒 무리 도

家語云 水至淸則無魚하고 人至察則無徒니라.

가어에 이르기를,

"물이 지극히 맑으면 고기가 없고, 사람이 지극히 살피면 친구가 없다."

酒 술 주
醉 취할 취
迷 미혹할 미

酒不醉人 人自醉요 色不迷人 人自迷니라.

술이 사람을 취하게 만드는 것이 아니라 사람이 스스로 취하는 것이요, 색이 사람을 미혹시키는 것이 아니라 사람이 스스로 미혹하는 것이다.

雙 쌍 쌍
親 친할 친

子孝雙親樂이오 家和萬事成이니라.

자식이 효도하면 부모가 즐거워하고, 집안이 화목하면 모든 일이 이루어진다.

賤 천할 천
蔑 업신여길 멸
恃 믿을 시
輕 가벼울 경
敵 원수 적

太公曰 勿以貴己而賤人하고 勿以自大而蔑小하고 勿以恃勇而輕敵이니라.

태공이 말하였다.

"자기를 소중하게 여기면서 남을 천하게 여기지 말고, 스스로 크다고 해서 작은 것을 업신여기지 말며, 용맹을 믿고서 적을 가볍게 여기지 말라."

積 쌓을 적
遺 끼칠 유
德 덕 덕
計 꾀 계

司馬溫公曰 積金以遺子孫이라도 未必 子孫이 能盡守요 積書以遺子孫이라도 未必 子孫이 能盡讀이니 不如 積陰德於冥冥之中하야 以爲子孫之計也니라.

사마온공이 말하였다.

"돈을 모아 자손에게 남겨준다 하여도 자손이 반드시 모두 지킨다고 볼 수 없고, 책을 모아서 자손에게 남겨준다 하여도 자손이 반드시 모두 읽는다고 볼 수 없으니, 남모르게 덕을 쌓아 자손을 위해 미리 계획을 하는 것만 같지 못하다."

景行錄曰 恩義를 廣施하라 人生何處不相逢이니 讐怨을 莫結하라 路逢 狹處면 難回避니라.

경행록에 말하였다.

"은혜와 의리를 널리 베풀어라. 사람이 살아가면서 어느 곳에서든지 서로 만나지 않으랴? 원수와 원한을 맺지 말라. 좁은 길에서 만나면 피하기 어려우니라."

廣 넓을 광
施 베풀 시
處 살 처
逢 만날 봉
讐 원수 수
怨 원망할 원
狹 좁을 협
避 피할 피

孫眞人養生銘云 怒甚偏傷氣오 思多太損神이라 神疲心易役이오 氣弱病相因이라 勿使悲歡極하고 當令飮食均하며 再三防夜醉하고 第一戒晨嗔하라.

손진인의 양생명에 이르기를

"성내기가 심하면 치우쳐 기운이 이지러지고, 생각이 많으면 아주 정신이 손상된다. 정신이 피로하면 마음이 쉽게 수고로워지고, 기운이 약하면 병이 그것에 따라 일어난다. 슬퍼하고 기뻐함을 지나치게 하지 말고, 음식을 골고루 섭취하며, 밤에 술에 잔뜩 취하지 말며, 첫 번 째로 새벽녘에 성내는 것을 경계하라."고 하였다.

損 덜 손
疲 지칠 피
役 부릴 역
嗔 성낼 진

子曰 聰明思睿라도 守之以愚하고 功被天下라도 守之以讓하고 勇力振世라도 守之以怯하고 富有四海라도 守之以謙이니라.

공자께서 말씀하셨다.

"총명하고 생각이 뛰어나도 어리석은 것처럼 하고, 공적이 세상을 덮을만하더라도 겸손하고, 용맹이 세상에 떨칠지라도 조심하고, 부유함이 사해를 차지했더라도 공손해야 한다."

聰 귀밝을 총
睿 깊고 밝을 예
被 이불 피
讓 사양할 양

享 누릴 향
惜 아낄 석
窮 다할 궁
恭 공손할 공
勢 기세 세
驕 교만할 교
寃 원통할 원
侈 사치할 치

有福莫享盡하라 福盡身貧窮이요 有勢莫使盡하라 勢盡寃相逢이니라 福兮常自惜하고 勢兮常自恭하라 人生驕與侈는 有始多無終이니라.

복이 있다 해도 다 누리지 말라. 복이 다하면 몸이 빈궁해 진다. 권세가 있다 해도 함부로 부리지 말라. 권세가 다하면 원수와 서로 만날 수 있다. 복이 있거든 항상 스스로 아끼고 권세가 있거든 항상 스스로 겸손하라. 사람의 삶에서 교만과 사치는 처음은 있으나 끝은 없다.

落 떨어질 락
錦 비단 금
換 바꿀 환
着 붙을 착
豪 호걸 호
寞 쓸쓸할 막
霄 하늘 소
塡 메울 전
邱 땅이름 구
壑 골 학
薄 엷을 박

花落花開開又落하고 錦衣布衣更換着이라 豪家未必常富貴요 貧家未必長寂寞이라 扶人未必上靑霄요 推人未必塡邱壑이라 勸君凡事를 莫怨天하라 天意於人에 無厚薄이니라.

꽃은 졌다가 피고 피었다가 또 진다. 비단 옷을 입었다고 해도 다시 베옷으로 바꿔 입게 된다. 넉넉하고 호화로운 집이라고 해서 반드시 언제나 부귀한 것이 아니요, 가난한 집도 반드시 오래도록 적적하고 쓸쓸하지만은 않으리라. 사람이 밀어 올려도 반드시 하늘에 올라가지 못할 것이요, 사람을 밀어도 반드시 깊은 구렁에 떨어지지는 않는다. 그대에게 권고 하노니, 모든 일에 하늘을 원망하지 말라. 하늘의 뜻은 본시 사람에게 후하거나 박함이 없다.

耕 밭갈 경
望 바랄 망
辨 분별할 변

孔子三計圖云 一生之計는 在於幼하고 一年之計는 在於春하고 一日之計는 在於寅이니 幼而不學이면 老無所知요 春若不耕이면 秋無所望이요 寅若不起면 日無所辦이니라.

공자가 삼계도에 이르기를, "일생의 계획은 어릴 때에 있고, 일년의 계획은 봄에 있으며, 하루의 계획은 새벽에 있다. 어려서 배우지 않으면 늙어서 아는 것이 없고, 봄에 밭 갈지 않으면 가을에 거둘 것이 없으며, 새벽에 일어나 계획하지 않으면 그 날의 할 일이 없게 된다."고 하였다.

朱子曰 勿謂今日不學而有來日하며 勿謂今年不學而有來年하라 日月逝矣나 歲不我延이니 嗚呼老矣라 是誰之愆고. 少年易老學難成하니 一寸光陰不可輕하라 未覺池塘春草夢인대 階前梧葉已秋聲이라.

주자께서 말씀하셨다.

"오늘 배우지 아니하고서 내일이 있다고 말하지 말며, 올해에 배우지 아니하고서 내년이 있다고 말하지 말라. 날과 달은 흐르니 세월은 나를 위해서 더디 가지 않는다. 아아, 늙었구나. 이 누구의 허물인고. 소년은 늙기 쉽고 학문은 이루기 어려우니 짧은 시간이라도 가벼이 여기지 말라. 아직 못가의 봄풀은 꿈에서 깨어나지 못했는데 세월은 빨리 흘러 섬돌 앞의 오동나무는 벌써 가을 소리를 내느니라."

逝 갈 서
歲 해 세
誰 누구 수
愆 허물 건
陰 응달 음
池 못 지
塘 못 당
階 섬돌 계

개념 용어 정리

* 다음에 제시한 용어나 개념의 의미를 확인하고, 일상생활의 교양 수준에서 어떻게 활용할 수 있는지, 실천 방안을 고민해 보자.

* 富貴在天:
* 惡之必察焉:
* 玉不琢 不成器:
* 人自醉
* 家和萬事成
* 一生之計
* 一寸光陰

생각 넓히기

1. 『명심보감』의 내용 중 삶의 좌우명으로 삼을 만한 구절을 한 두 가지 들고, 그 이유를 설명해 보자.
2. 현대 민주주의 사회에 필요한 시민 윤리를 10가지 정도로 제시하되, 『21세기 신 명심보감』으로 만들어 보자.
3. 친구나 주변 사람에게 충고를 한다고 가정하고, 『명심보감』의 구절을 인용해 보자.

『명심보감』 이해에 도움이 될 만한 책

김성원 역. 『명심보감강의』. 서울: 명문당, 2001.
김진식 역. 『명심보감』. 서울: 학민사, 2006.
박일봉 역저. 『명심보감』. 서울: 홍신문화사, 2007.
오세종. 『명심보감 교양한문』. 서울: 삼필문화사, 2007.
이동환 역. 『명심보감』. 서울: 현암사, 1996.

제2부

문학과 정서

제4장
시경詩經

시 삼백 편을 한마디로 덮어 말한다면
생각에 사악함이 없다
詩三百 一言以蔽之曰 思無邪
『論語』「爲政」

최고의 노래집 『시경』

『시경』은 중국에서 가장 오래된 시가詩歌들을 모은 책이다. 지금으로부터 2,500년 이전의 시가들이 실려 있는데, 옛날에는 그냥 '시詩' 라고 불렀다.

사마천은 『사기』 「공자세가」에서 다음과 같이 기록하고 있다. "옛날부터 전해오는 시가 3,000여 편이 있었는데 공자가 그 중에서 예의에 합당한 것 305편만을 골라 『시경』을 편찬하였다." 이러한 사마천의 견해는 후대 여러 학자들로부터 의심을 받아 왔다. 그러나 『논어』에서 공자 자신이 "내가 위나라에서 노나라로 돌아온 뒤에야 음악을 바로 잡아 아송雅頌이 각각 제자리를 찾았다"고 말하고 있고, 송頌에는 천자天子의 악가樂歌인 주송周頌과 함께 노송魯頌 · 상송商頌이 들어있는 것으로 보아, 공자가 시를 정리한 것은 분명한 것 같다.

『시경』의 내용은 크게 「풍風」 「아雅」 「송頌」의 세 부분으로 나뉘는데, 이는 음악적인 분류로 알려져 있다.

歌 노래 가
風 바람 풍
雅 우아할 아
頌 기릴 송

俗 풍속 속
諸 모든 제
侯 제후 후

「풍」은 「국풍國風」이라고도 한다. 모두 15개의 국풍이 있는데 15개 제후국諸侯國의 민간에서 불리던 민요로 각 지방의 속악俗樂에 해당한다. 「풍」은 모두 160편인데 그 내용은 다양하다. 남녀 간의 사랑을 읊은 연가, 전란의 고통, 사회에 대한 불만, 전장에 나간 남편을 그리는 아내의 걱정, 두고 온 가정을 걱정하는 남편의 노래, 이별의 괴로움을 노래한 것 등 여러 상황을 서정적으로 그리고 있다. 국풍은 전해지는 편수만큼이나 『시경』에서 가장 중요한 위치를 차지한다. 각국의 민요를 채집했기에 당시 민중들의 현실과 정감이 잘 담겨 있다.

「아」는 당시 궁정에서 악곡樂曲에 맞추어 지은 시가로 연회나 전례 때 주로 사용되었다. 따라서 서정적인 국풍과 뉘앙스가 상당히 다르며, 속악과 구분하여 정악正樂으로 삼았다. 「아」는 크게 「소아小雅」와 「대아大雅」로 분류되며 「소아」 74편 「대아」 31편 등 모두 105편이 실려 있다. 「소아」는 대체로 조정에서 잔치할 때 부르던 노래로 그 내용은 연회, 폭정, 전쟁, 연정 등 다양하다. 「대아」는 조정에서 의식을 치를 때 부르던 노래로 반 이상이 역사적인 소재를 다루거나 선왕의 치적이나 업적을 칭송하는 서사시이다.

「송」은 주송, 노송, 상송으로 나뉘는데, 사람과 사물을 칭송하는 시이다. 특히 조상들의 제사 또는 조상의 덕을 기리는 의식에 무용을 곁들인 의례악儀禮樂으로 알려져 있는데, 39편이 전한다.

儀 거동 의
採 캘 채
官 벼슬 관

이 중에서 「아」와 「송」은 모두 조정의 사대부의 손에서 나온 것이므로, 전문가를 파견하여 시를 모을 필요는 없었다. 다만 「풍」은 양도 많을 뿐 아니라 내용도 광범위하여 반드시 전문가를 파견하여 시를 채집해야 했다. 고대 중국의 제왕들은 조정에 시를 채집하는 관리인 채시관採詩官을 두고, 매년 봄과 가을 두 차례에 걸쳐 이들을 각 지방으로 보내 민간 가요를 수집하였다고 한다. 왜냐하면 각국의 민심 동향과 정치의 득실을 살펴 정치에 참고하기 위해서였다. 추측컨대, 이렇게 수집된 시들은 악관樂官에 의하여 음률에 맞게 정리되고 편집되었을 것이다. 그리고 그 후 공자가 다시 정리하여 오늘날의 『시경』으로 전해진 것으로 생각된다.

또한 『시경』은 시 짓는 방법, 즉 시작법詩作法에 따라 세 가지로 나뉘는 데, 부賦, 비比, 홍興이 그것이다. 이 세 가지는 단독 혹은 혼합하여 사용되었다.

부는 직접적인 묘사 방법으로 어떤 일을 직접적으로 서술하는 방법이다. 따라서 비유하는 방법을 사용하지 않는다.

비는 상징적인 기교를 중시하는 방법이다. 그러므로 비유 혹은 상징을 많이 사용한다.

홍은 어떤 사물을 의탁하여 홍을 일으키는 방법이다. 다시 말하면 먼저 다른 사물의 상황을 말하고 읊고자 하는 내용을 이끌어 내는 방법이다.

위에서 언급한 시경의 내용과 작법 6가지를 '시의 육의六義' 라고 한다. 다시 반복하면, '풍, 부, 비, 홍, 아, 송' 중 '풍, 아, 송' 은 내용을 말하고, '부, 비, 홍' 은 작법을 일컫는다.

전반적으로 『시경』의 내용을 검토해보면, 첨예하고 복잡한 사회 모순을 담고 있고, 심각하고 풍부한 사유와 민족성을 반영하고 있다. 즉 남녀 간의 연애와 혼인 문제, 통치 계급의 잔혹성에 대한 반항과 풍자, 민중들의 노동과 삶을 반영한 시들이 주종을 이룬다. 이는 『시경』이 당시 복잡한 사회생활과 민중들의 사상 감정을 있는 그대로 묘사한 현실주의 정신을 강하게 담고 있음을 반증한다.

공자는 육경六經-「시詩」, 「서書」, 「역易」, 「예禮」, 「악樂」, 「춘추春秋」-을 제자들을 가르치는 교본으로 삼았다. 이중에서도 특히 시를 중시하였는데, 그 이유는 시를 통하여 인간의 참되고 순수한 감정을 이해하고 자신의 성정性情을 순화醇化시킬 수 있다고 믿었기 때문이다. 그 증거로 『논어』「위정」 편에서는 "시 삼백 편은 한 마디로 덮어 말해 그 생각에 사악함이 없다"고 했으며, 「양화」 편에서는 "사람이면서 시경의 주남, 소남의 시를 배우지 않았다면 그것

作 지을 작
賦 구실 부
比 견줄 비
興 일어날 홍

性 성품 성
情 뜻 정
醇 순일할 순

은 담벽을 마주하고 있는 것과 같다"고 했다. 이처럼 공자는 『시경』을 학문의 기본으로 삼았다.

이런 차원에서 『시경』은 중국문학사의 앞부분에 놓을 수 있는 중요한 문헌이다. 오랜 세월 중국문학사에 큰 영향을 미쳤을 뿐 아니라, 고귀한 고대 사료이다. 또 중국어학사에서도 중요한 위치를 차지한다. 2,500여 년 전 언어의 실제 모습을 보여주며, 그 풍부한 어휘들은 고대 음운 연구에 필수 자료가 된다.

원문 맛보기

關雎[1)]

關關 雎鳩,[2)3)]	꾸욱 꾸욱 물새는
在河之洲.[4)]	모래섬에서 우는데,
窈窕淑女,	아리따운 아가씨
君子好逑.[5)]	나의 좋은 배필일세.
參差 荇菜,[6)7)]	올망졸망 행채풀을
左右流之.	이리저리 찾으면서,
窈窕淑女,	아리따운 아가씨를
寤寐求之.	자나 깨나 생각하네.
求之不得,	공상으로 못 구하니
寤寐思服.[8)]	자나 깨나 그리움뿐.
悠哉悠哉,[9)]	그리움은 그지없어
輾轉反側.[10)]	이리 뒤척 저리 뒤척.
參差荇菜,	올망졸망 행채풀을
左右采之.	이리저리 뜯으면서,
窈窕淑女,	아리따운 아가씨와
琴瑟 友之.[11)]	거문고 치며 벗하려네.
參差荇采,	올망졸망 행채풀을
左右芼之.	이리저리 다듬으며
窈窕淑女,	아리따운 아가씨와
鐘鼓樂之.	풍악 울려 즐기려네.

『國風』「王南」

1) 關雎(관저)는 시경의 대표적 작품이며 상징.
2) 關關(관관): 의성어. 새의 울음소리.
3) 雎鳩(저구): '징경이'라는 물새.
4) 洲(주): 강물 가운데의 모래섬.
5) 逑(구): 짝. 배필配匹
6) 參差(참치): 가지런하지 않는 모양.
7) 荇菜(행채): 마름풀.
8) 思服(사복): 思는 그리워하다.
9) 悠哉(유재): 오래도록.
10) 輾轉反側(전전반측): 잠이 안 와 뒤척이는 모양.
11) 琴瑟(금슬): 琴은 5, 7현의 악기, 瑟은 25현의 악기.

 생각의 창

관관關關은 암수가 서로 응하며 화합하는 소리이다. 저구는 태어나면서부터 정해진 짝이 있어 서로 난잡하지 않고, 짝이 항상 같이 놀면서도 업신여기지 않는다. 이렇게 정이 두터우면서도 분별이 있는 저구새를 통하여 아리따운 처녀를 연상한다. 둘째 단에서는 행채풀을 이리저리 헤쳐 찾으면서도 자나 깨나 생각나는 처녀에 대한 연모의 정이 절절하다. 셋째 단부터는 가이없는 그리움 끝에 그 처녀를 얻어 즐겁게 지내는 상상으로 발전하고 있다.

君子于役

君子 于役,[1)2)] 님은 역사에 나가
不知其期,[3)] 기약 없으니
曷 至哉.[4)] 아, 언제나 오시려나.
鷄棲于 塒,[5)] 닭은 우리에 들고
日之夕矣, 해는 저물어
羊牛下來. 소와 양도 돌아오는데
君子于役, 역사에 나가신 님
如之何勿思. 어이 그립지 않으리.

君子于役, 님은 역사에 나가
不日不月,[6)] 기약 없으니
曷其有佸.[7)] 아, 언제나 만나려나.
鷄棲于桀,[8)] 닭은 홰에서 자고
日之夕矣, 해는 저물어
羊牛下括.[9)] 소와 양도 집 찾는데
君子于役, 역사에 나가신 님

1) 君子(군자): 부인婦人이 남편을 부르는 말.
2) 于役(우역): 행역行役, 공무公務, 전쟁戰爭 등에 나감.
3) 其期(기기): 그 돌아올 시기.
4) 曷(갈): 언제.
5) 塒(시): 닭의 우리, 닭장.
6) 不日不月(불일불월): 남편이 역사役事를 간지가 오래되어 일월日月로서 헤아릴 수가 없다는 뜻.
7) 佸(활): 만남.
8) 桀(걸): 닭장에 있는 홰.
9) 下括(하괄): 앞의 하래下來와 같은 뜻.

苟無飢渴.　　목마르고 굶주리지나 않으실지.

『國風』「周南」

생각의 창

전쟁터에 나간 남편을 그리워하는 노래이다. 옛날 사람들의 주석에서는 전쟁과 노역을 끊임없이 시키는 평왕平王을 풍자한 것이라고도 한다. 그러나 그런 의미 보다는 오랜 기다림에 지쳐 정서마저 메말라 버렸을 아내가 남편을 기다리며 단순하고 솔직한 표현으로 쓴 시라고 보는 것이 좋다.

野有死麕

野有死麕,[1]　　들판에서 잡은 노루고기를
白茅包之.　　흰 띠풀로 싸다 주었네.
有女懷春,[2]　　이성을 그리는 아가씨 있어
吉士 誘之.[3]　　미남이 유혹한 거지.

林有樸樕,[4]　　숲에는 떡갈나무 있는데
野有死鹿.　　들판에서 사슴 잡았네.
白茅純束,[5]　　흰띠풀로 싸가지고 가니
有女如玉.　　옥 같은 아가씨가 있네.

舒而脫脫 兮,[6]　　가만 가만 천천히
無感我帨兮,[7)8)]　　내 앞치마 건드리지 말고
無使尨 也吠.[9]　　삽살개 짓지 않게 해요.

－『國風』「召南」

1) 麕(균): 장獐, 노루.
2) 懷春(회춘): 사춘思春의 뜻.
3) 吉士(길사): 근사하고 좋은 남자.
4) 樸樕(복속): 떡갈나무.
5) 純束(순속): 싸서 묶는다는 뜻.
6) 脫脫(태태): 느릿느릿한 모양.
7) 感(감): 감撼, 흔들다, 움직이다.
8) 帨(세): 허리에 찬 수건.
9) 尨(방): 삽살개.

 생각의 창

젊은 남녀가 서로 유혹하는 노래이다. 남자는 사냥해서 잡은 노루를 깨끗한 흰띠풀로 싸서 여인을 주어 유혹한다. 첫째 단은 남녀의 장면을 서술적으로 표현하고 있고, 둘째 단에서는 남자 쪽에서 수작을 걸고, 셋째 단에서는 여자가 은근히 남자를 나무라면서도 싫지 않게 응하고 있다. 특히 끝부분의 글자가 다섯 자로 바뀌면서 여인의 교태 넘치는 자태가 나타나는 부분이 주목할 만하다.

碩鼠

碩鼠碩鼠,	쥐야 쥐야 큰 쥐야
無食我黍.	우리 기장 먹지 마라.
三歲貫女,[1)2)]	삼 년 너를 섬겼는데
莫我肯顧.[3)]	나를 아니 돌보는가.
逝將去女,[4)]	이제 너를 떠나
適彼樂土.[5)]	저 즐거운 땅으로 가련다.
樂土樂土,	즐거운 땅, 즐거운 땅이여
爰得我所.[6)]	거기 가면 내가 편히 살 수 있겠지.
碩鼠碩鼠,	쥐야 쥐야 큰 쥐야
無食我麥.	우리 보리 먹지 마라.
三歲貫女,	삼 년 너를 섬겼는데
莫我肯德.[7)]	나를 보지 않는구나
逝將去女,	이제 너를 떠나
適彼樂國.	저 즐거운 나라로 가련다.
樂國樂國,	즐거운 나라 즐거운 나라여
爰得我直.[8)]	그 기 가면 나 바르게 살 수 있겠지.
碩鼠碩鼠,	쥐야 쥐야 큰 쥐야

1) 貫(관): 섬김, 봉양奉養하다.
2) 女(여): 여汝. 너.
3) 肯(긍): 사事. 섬기다.
4) 逝(서): 가다. 발어사發語辭로 보는 것이 좋다.
5) 適(적): 왕往, 가다.
6) 爰(원): 발어사, 장소場所를 나타냄. 그곳.
7) 德(덕): 은혜를 돌리는 것.
8) 直(직): 마땅함.

無食我苗. 우리 곡식 먹지 마라.
三歲貫女, 삼 년 너를 섬겼는데
莫我肯勞. 나를 위로 않는구나.
逝將去女, 이제 너를 떠나
適彼樂郊. 저 즐거운 곳으로 가련다.
樂郊樂郊, 즐거운 곳 즐거운 곳이여
誰之永號.[9)10)] 거기서는 울지 않으리.

-『國風』「魏風」

9) 誰之(수지): 누가 가서.
10) 永號(영호): 永은 가歌. 크게 노래하는 것.

생각의 창

이 시는 은유법을 사용하여 가렴주구苛斂誅求하는 위정자爲政者들을 크게 살찐 쥐로 풍자한 것이다. 강제로 거둬들이는 위정자들을 이렇게 밖에 노래할 수 없을 만큼 당시 사회의 양상이 강압적이고 험악했음을 나타낸 것이다.

鹿鳴

呦呦鹿鳴,[1)] 사슴무리 울면서
食野之苹.[2)] 들에서 햇쑥 뜯네.
我有嘉賓, 좋은 손님 오셨으니
鼓瑟吹笙, 거문고 뜯고 피리 불며
吹笙鼓簧,[3)] 피리불고 황 두드리며
承筐是將,[4)5)] 광주리에 받쳐 폐백 드리오니
人之好我, 날 어여삐 여기시어
示我周行.[6)] 나에게 큰 도를 일러주소서.

1) 呦呦(유유): 사슴이 우는 소리.
2) 苹(평): 사철 쑥.
3) 簧(황): 생笙과 황簧을 구별할 때, 황簧은 생笙 속에 든 피리 혀 같은 것.
4) 承筐(승광): 광주리를 받듦.
5) 將(장): 행함.
6) 周行(주행): 지극한 道.

7) 蒿(호): 쑥.
8) 德音(덕음): 덕망.
9) 恌(조): 경박함.
10) 則傚(즉효): 본받음.

呦呦鹿鳴, 사슴무리 울면서
食野之蒿.[7] 들에서 햇쑥 뜯네.
我有嘉賓, 좋은 손님 오셨으니
德音孔昭,[8] 자자한 덕망 숨길 길 없고
視民不恌,[9] 백성들 가볍게 아니하시며
君子是則是傚.[10] 군자가 본받을 만하네.
我有旨酒, 내게 맛있는 술 있으니
嘉賓式燕以敖. 권하여 함께 즐기리.

呦呦鹿鳴, 사슴무리 울면서
食野之芩. 들에서 금풀 뜯네.
我有嘉賓, 좋은 손님 오셨으니
鼓瑟鼓琴, 비파 뜯고 거문고 뜯으리
鼓瑟鼓琴, 비파 뜯고 거문고 뜯으리
和樂且湛.[11] 이 즐거움 끝이 없어라.
我有旨酒,[12] 내게 맛있는 술 있으니
以燕樂嘉賓之心. 손님 마음 즐겁게 하리.

11) 湛(담): 즐김. 즐거움이 오래감.
12) 旨酒(지주): 맛있는 술.

–『小雅』

 생각의 창

군신君臣이나 가빈嘉賓을 위해 잔치를 베풀 때 부르던 노래이다. 국풍國風이 대중들의 소박한 생활 감정을 노래한 것이라면, 이것은 도덕과 위엄을 내포한 딱딱하게 지어진 노래라 하겠다. 임금과 신하, 사방에서 온 손님들의 잔치에서 도道를 말하고 덕德을 닦는 악가樂歌였다.

嘉 아름다울 가
賓 손님 빈

개념 용어 정리

* 다음에 제시한 용어나 개념의 의미를 확인하고, 일상생활의 교양 수준에서 어떻게 활용할 수 있는지, 실천 방안을 고민해 보자.

* 窈窕淑女:
* 寤寐:
* 輾轉反側:
* 君子:
* 懷春:
* 嘉賓:

생각 넓히기

1. 『시경』은 내용 분류상 세 가지 부류가 있고, 시를 짓는 방법에 세 가지가 있다. 직접 시를 짓는다면 어떤 방법을 선택하고 싶은가? 그 이유를 설명해 보자.
2. 앞에서 제시한 시를 한 편 골라, 자신의 견해를 반영하여 해석해 보자.
3. 현재 자신에게 가장 절실한 문제를 10줄 이내의 시로 표현해 보자.

『시경』이해에 도움이 될 만한 책

김학주 역. 『시경』. 서울: 명문당, 2002.

마르셀 그라네(신하령 외 옮김). 『중국의 고대축제와 가요』. 서울: 살림, 2005.

성백효 역주. 『시경집전』상 · 하. 서울: 전통문화연구회, 1993.

양주동 역. 『시경초』. 서울: 을유문화사, 1954

이기동. 『시경강설』. 서울: 성균관대출판부, 2004.

읽기자료

주자의 「시경집전 서문詩經集傳 序文」

질문: 시는 무엇 때문에 지었습니까?

대답: 사람이 태어나서 가만히 있을 때는 하늘이 내려준 성품이 그대로 보존되어 있지만, 사물을 마주치고 움직이면 감정이 느껴집니다. 감정이 있게 되면 생각이 일어나게 되고, 생각이 일어나게 되면 말이 있게 되며, 말이 있게 되면 말로써 다할 수 없어서 탄식하고 영탄하는 나머지 무언가를 펼치려는 자연스러운 음향과 가락이 있어 그칠 수 없습니다. 이것이 사람들이 시를 짓게 된 까닭입니다.

질문: 그렇다면 시가 '교육'의 기본이 된다고 했는데 그 이유는 무엇입니까?

대답: 시는 사람의 마음이 사물에 감동되어 말의 나머지에 나타난 것입니다. 마음의 감동에는 올바른 것과 어긋난 것이 있습니다. 이는 말에 나타나는 것이 옳고 그름이 있다는 것입니다. 오직 훌륭한 사람이 윗자리에 있어야만 감동된 것이 올바르고 그 말씀으로 교육을 할 수 있습니다.

옛날 나라가 잘 다스려졌을 때는 정치지도자로부터 민중들에게 이르기까지 시를 읊은 말이 모두 순수하여 올바른 길을 인도했습니다. 그러므로 중앙에서 지방 정부에 이르기까지 때와 장소를 불문하고 교육할 수 있었습니다. 그런데 주나라가 동쪽 호경으로 천도를 한 이후, 이런 풍속이 시들기 시작했습니다.

공자께서는 이런 시대에 태어나시어 제대로 된 지위를 얻지 못하였고, 직접 정사를 행할 수 없었습니다. 때문에 학문적으로 전적들을 정리하여 배우는 사람들이 착한 것을 본받고 나쁜 것을 고칠 수 있도록 했습니다. 이렇게 편찬한 책이 바로 『시경』입니다. 『시경』의 가르침은 실로 온 세상에 영향을 미쳤습니다. 이에 시를 교육의 기본으로 보는 것입니다.

제5장
고문진보古文眞寶

창랑의 물이 맑으면 내 갓끈을 씻으리라
창랑의 물이 흐리면 내 발을 씻으리라
滄浪之水淸兮 可以濯吾纓
滄浪之水濁兮 可以濯吾足
屈原「漁父辭」

동양 고대 문체의 보배『고문진보』

『고문진보』는 문자 그대로 고대 문체, 혹은 고대 문장의 진수를 보여주는 참된 보배라는 의미이다. 그런데 왜 하필이면 고문古文인가? 중국 역사에서 한나라 이후 당나라 이전까지 약 800여 년간의 시문詩文은 문장을 아름답게 꾸미는 데만 주력하고 내용은 피폐하게 되었다. 이른 바 사륙병려체四六騈儷體가 유행하여 외형을 화려하게 수식하는 형식주의에 치우쳐 사상을 잠식하였다. 이에 당나라 때 한유韓愈나 유종원柳宗元 같은 걸출한 학자가 등장하여 고문 복귀를 주창하면서 『시경』이나 『맹자』와 같은 사상이 담긴 문장을 숭상하였다. 『고문진보』는 이런 분위기를 반영하여 편찬한 책으로 추정된다.

眞 참 진
寶 보배 보

『고문진보』를 최초로 편찬한 사람이 어느 시대 누구인지 분명하지 않다. 다만 『중간重刊 고문진보』에 송나라 때의 학자 황견黃堅이 편찬했다는 기록이 있기에 그가 편찬한 것으로 추측할 뿐이다.

重 무거울 중
刊 책펴낼 간
堅 굳을 견

『고문진보』는 전집과 후집으로 나뉘는데, 전집에는 시詩, 후집

勸 권할 권
辭 말 사
銘 새길 명

에는 문文을 주로 수록하고 있다. 전집에는 산문에 가까운 시인 유명한 "권학문勸學文"을 비롯하여 오언고풍, 칠언고풍 등 217편의 시가 실려 있고, 후집에는 사辭, 부賦 등의 운문체와 기記, 명銘, 표表 등 67편의 문장이 실려 있다.

문장의 경우 당나라와 송나라 때의 문장에 한정되어 있으나, 시는 전국시대부터 당나라 송나라 때까지의 명작을 취하고 있고, 각각의 문체로 분류해 놓아 시대별 체제의 변화를 알 수 있다.

『고문진보』는 중국의 고문이지만, 우리 문화에도 큰 영향을 미쳐, 동양적 사고방식과 동양 문화의 정수를 알게 하는데 크게 기여하였기 때문에 우리나라에서도 증보 간행되었다.

원문 맛보기

勸學文

白樂天

有田不耕倉廩虛	밭이 있어도 갈지 않으면 곳간은 비리라.
有書不教子孫愚	책이 있어도 가르치지 않으면 자손은 어리석게 되리라.
倉廩虛兮歲月乏	곳간이 비면 세월을 지내기가 구차하고
子孫愚兮禮義疎	자손이 어리석으면 예의가 서투르리라.
若惟不耕與不教	오직 밭갈지 않고 가르치지 않음은
是乃父兄之過歟	이는 곧 부형의 허물이리라.

廩 곳집 름
虛 빌 허
孫 자손 손
愚 어리석을 우

생각의 창

학문과 교육을 농사에 비유하여 권장한 시이다. 농사를 제대로 하지 않으면 곳간이 비는 것과 같이 삶에 필요한 기본 교양을 가르치지 않으면 자손이 어리석고 우매한 사람이 된다. 곳간이 비면 생활이 곤란하듯 자손이 어리석으면 세상을 살아가는 데 필요한 예의, 삶의 지혜에 어두워 곤란을 겪게 된다. 그런 교육을 하지 않은 것은 부모와 형, 언니, 누나의 잘못이라고 깨우치고 있다.

登黃鶴樓

崔顥

昔人已乘黃鶴去[1] 옛 사람 이미 누런 학 타고 가버렸네
此地空餘黃鶴樓 이 땅에는 부질없이 황학루만 남았구나.
黃鶴一去不復返 누런 학은 한번 가서 돌아올 줄 모르고
白雲千載空悠悠[2] 흰 구름만 천년 긴 세월 헛되이 흐르고 흘렀도다.
晴川歷歷漢陽樹[3] 활짝 갠 강 건너 저쪽 한양 가로에 나무들 역력하고
芳草萋萋鸚鵡洲[4] 봄풀이 떨기로 무성한 저곳 앵무주가 분명하도다.
日暮鄕關何處是[5] 해 저무는 하늘 아래 고향은 그 어디쯤인가?
煙波江上使人愁[6] 강위의 뿌연 물결 시름에 잠기게 하네.

1) 昔人(석인): 옛사람. 또는 전설에 나오는 신선.
2) 悠悠(유유): 흘러가는 모양.
3) 歷歷(역력): 밝게 비치다. 맑고 분명한 모양.
漢陽(한양): 지금의 무한시武漢市 한양구漢陽區.
4) 萋萋(처처): 초목이 무성한 모양.
鸚鵡洲(앵무주): 호북성湖北省 무창현武昌縣의 서西南에 있는 모래사장.
5) 鄕關(향관): 고향
6) 煙波(연파): 안개 같은 것이 끼어 부옇게 보이는 물결.

생각의 창

옛 사람은 이미 황학을 타고 가버렸다고 한다. 그런데 지금 황학루라는 이름만 남아서 지난날의 전설을 말해줄 뿐이다. 황학은 다시 돌아오지 않고 백운만이 예나 지금이나 유유히 흐르고 있다. 맑게 갠 강 저쪽에 한양의 가로수들이 뚜렷하게 보이고, 봄풀이 무성한 저곳은 앵무주라는 모래사장이다. 해 저무는 하늘 어디쯤이 나의 고향인가? 저녁 안개 자욱한 강물 위의 풍경은 나의 마음을 한없는 시름 속으로 밀어 넣는다.

將進酒

李白

君不見, 黃河之水天上來
그대 보지 않았는가! 황하의 물 하늘로부터 와서
奔流到海不復廻　기운차게 흘러 바다에 이르면 다시 돌아오지 못함을
又不見, 高堂明鏡悲白髮　또 보지 않았는가! 높은 집 거울 비추는 백발의 슬픔
朝如青絲暮如雪[1]　아침에는 청사 같던 것이 저녁엔 눈 같이 희었네
人生得意須盡歡　인생, 뜻을 얻었을 적엔 모름지기 즐거움을 다할 것이
莫把金樽空對月　황금 술 단지 공연히 달빛만 보이고 버려두지 말아라
天生我材必有用　하늘이 나를 낼 적엔 반드시 그 재주 쓸 데가 있는 법
千金散盡還復來　천금이나 되는 많은 돈 흩으면 다시 돌아올 날 있으리
烹羊宰牛且爲樂　염소 삶고 쇠고기 저며 우선 즐기고 보자
會須一飮三百杯　모름지기 한 번에 삼백 잔은 마셔야지
岑夫子, 丹丘生[2]　잠부자, 단구생이여
將進酒, 君莫停　지금 술을 권하노니, 그대는 잔을 멈추지 말라
與君歌一曲　그대 위해 내 한 곡 부르리라
請君爲我傾耳聽　모쪼록 그대는 나를 위해 귀 기울여다오
鐘鼎玉帛不足貴　성대한 음악과 진수성찬은 귀한 것이 못

1) 靑絲(청사): 푸른 실. 젊은 사람의 검은 머리카락을 비유한 말.
2) 岑夫子(잠부자): 잠동岑勳. 일설에는 잠참岑參 또는 잠미군岑徵君. 부자夫子는 존칭.
丹丘生(단구생): 작자의 친구인 원단구元丹丘. 친구이므로 '생生' 자를 썼음.

3) 醒(성): 술에서 깨다.
4) 陳王(진왕): 진사왕陳思王 조식曹植. 조조曹操의 셋째 아들로 태화太和 6년(232) 2월에 진왕陳王으로 봉해짐. 平樂(평락): 평락관平樂觀. 관觀은 누각.
5) 斗酒(두주): 한 잔 술. 恣歡謔(자환학): 마음대로 떠들며 즐기다.
6) 五花馬(오화마): 털의 색깔이 다섯 가지 꽃 색깔로 된 말. 여기선 귀한 말을 뜻함. 명마. 千金裘(천금구): 천금 값어치의 갖옷. 비싼 갖옷.

되노라.

但願長醉不願醒[3) 다만 오래 취하기를 원하고 취했거든 깨지 말기를
古來賢達皆寂寞 옛날 훌륭한 사람들이 모두 쓸쓸하거늘
惟有飮者留其名 오직 마시는 자만이 그 이름을 남기리라
陳王昔日宴平樂[4) 진왕은 옛날 평락관에서 주안을 베풀었고
斗酒十千恣歡謔[5) 한잔 술을 황금으로 싸서 환락과 해학을 마음껏 누렸느니라
主人何爲言少錢 주인된 내가 어찌 돈이 적다 말하겠는가?
且須沽酒對君酌 모름지기 술을 사와 그대에게 권하겠노라
五花馬, 千金裘[6) 오화의 말과 천금의 모피 옷도 아까울 것이 없네
呼兒將出換美酒 아이 불러 끌어내어 맛있는 술과 바꾸어서
與爾同銷萬古愁 그대와 더불어 만고의 우수를 녹이겠노라

생각의 창

장진주將進酒는 술을 권하는 의미의 제목이다. 다시 말하면 권주가勸酒歌인 셈이다. 장진주에는 인생의 무상함을 개탄하고 술을 통해 이 우수를 잊고자 하는 주선酒仙 이백의 인품이 잘 드러나 있다. 인생의 덧없음을 슬퍼하는 사상, 그것을 잊으려고 술을 마시는 우수. 이것이 시의 미학이다.

漁父辭

屈原

屈原旣放, 遊於江潭, 行吟澤畔,顔色憔悴, 形容枯槁. 漁父[1]見而問之曰, 子非三閭大夫.[2] 與 何故至於斯. 屈原曰, 擧世[3]皆濁我獨淸, 衆人皆醉我獨醒, 是以見放. 漁父曰, 聖人不凝滯於物, 而能與世推移. 世人皆濁, 何不淈其泥而揚其波. 衆人皆醉, 何不餔其糟而歠其釃,[4] 何故深思高擧,[5] 自令放爲. 屈原曰: 吾聞之, 新沐者必彈冠,[6] 新浴者必振依.[7] 安能以身之察察,[8] 受物之汶汶者乎.[9] 寧赴湘流,[10] 葬於江魚之腹中. 安能以晧晧之白,[11]而蒙世俗之塵埃乎. 漁父莞爾而笑,[12] 鼓枻而去.[13] 乃歌曰. 滄浪之水淸兮,[14] 可以濯吾纓.[15] 滄浪之水濁兮, 可以濯吾足.[16] 遂去, 不復與言.

굴원이 추방된 후에 강가에 노닐매 물가를 걸어가면서 시를 읊는데 안색이 초췌하고 용모가 여위었더라.

어부가 이를 보고 물었다.

“그대는 삼려대부가 아닌가? 무슨 까닭으로 여기에 이르렀는가?”

굴원이 말하였다.

“온 세상이 다 흐려졌는데 나 홀로 맑으며, 뭇 사람이 다 취했는데 나 홀로 깨었으니, 이 때문에 추방을 당했다네.”

어부가 말하였다.

“성인은 사물에 구애받지 않고 세상과 더불어 추이를 같이 할 수 있거늘, 세상 사람이 모두 흐려졌다면 어찌 진흙을 휘저어 그 물결과 같이 하지 않으며, 뭇 사람이 다 취했다면 어찌하여 그 술찌끼를

1) 漁父(어부): 풍류의 일환으로 고기를 낚는 사람.
2) 三閭大夫(삼려대부): 춘추시대의 초楚나라의 벼슬 이름. 왕족을 통할하던 높은 벼슬.
3) 擧世(거세): 온 세상.
4) 糟(조): 지게미. 술찌끼. 釃(리): 모주. 밑술. 막걸리.
5) 高擧(고거): 고고하게 행동하다.
6) 沐(목): 머리를 감다. 彈(탄): 털다.
7) 浴(욕): 목욕하다. 몸을 씻다. 振(진): 털다.
8) 察察(찰찰)은 깨끗함.
9) 汶汶(문문): 지저분하다.
10) 赴(부): 가다. 湘流(상류): 상수. 광서성廣西省 홍안현興安縣에서 발원하여 동정호洞庭湖로 흘러들어 가는 강.
11) 晧晧(호호): 결백하다.
12) 莞爾(완이): 빙그레 웃는 모양.
13) 鼓枻(고예): 노로 뱃전을 두드리다.
14) 滄浪(창랑): 한수漢水의 하류.
15) 세상이 바르고 맑으면 나가 벼슬을 하겠다는 뜻.
16) 세상이 어지럽고 혼탁하면 발을 빼고 은퇴하겠다는 말임.

먹는 것과 그 밑술을 빨아들이지 않는가? 무슨 까닭으로 깊이 생각하고 높이 행하여 스스로 추방을 당한단 말인가?"

굴원이 말하였다.

"나는 이렇게 들었네. 새로 머리를 감은 사람은 반드시 관을 털고, 새로 몸을 씻은 사람은 반드시 옷을 떨쳐서 입는다고. 어찌 맑고 깨끗한 몸이 더러운 물건을 받아들일 수 있겠는가? 상류로 달려가 고기 배에서 물고기 밥이 될지언정, 어찌하여 결백한 몸에 세속의 먼지를 뒤집어쓰겠는가?"

어부는 빙그레 웃으며 뱃바닥을 울려 장단을 치고 가면서 노래했다.

"창랑의 물이 맑으면 내 갓끈을 씻으리라. 창랑의 물이 흐리면 내 발을 씻으리라."

그리고는 마침내 가버리니 다시 더불어 말할 것이 없더라.

생각의 창

漁 고기잡을 어
楚 가시나무 초

어부漁父는 생계 목적이 아니라 풍류를 즐기며 고기를 잡는 사람을 말한다. 사辭는 노래를 뜻한다. 이 노래는 『초사楚辭』의 한 편으로, 무고를 당하여 강가로 추방되어 유랑생활을 하던 굴원이 우연히 만난 어부와의 대화를 통하여 자신의 곧고 결백한 마음을 토로한 글이다. 글에서 굴원 자신이 객관적으로 묘사되고 있다는 점에서 굴원의 작품이 아닌 것으로 보기도 한다. 어쨌든 짧은 글이지만 굴원의 성격이 명료하게 표출된 명문이다.

赤壁賦

蘇軾

壬戌之秋,[1] 七月旣望,[2] 蘇子與客泛舟,[3] 遊於赤壁之下. 淸風徐來, 水波不興. 擧酒屬客, 誦明月之詩,[4] 歌窈窕之章.[5] 少焉, 月出於東山之上, 徘徊於斗牛之間. 白露橫江, 水光接天. 縱一葦之所如,[6] 凌萬頃之茫然.[7] 浩浩乎如憑虛御風,[8] 而不知其所止; 飄飄乎如遺世獨立,[9] 羽化而登仙. 於是飮酒樂甚, 扣舷而歌之. 歌曰: 桂棹兮蘭槳,[10] 擊空明兮泝流光.[11] 渺渺兮予懷,[12] 望美人兮天一方.

임술년(1082) 가을 7월 16일에 소자와 객이 배를 띄우고, 적벽 아래 노닐다. 청풍은 서서히 불어오고 물결은 일지 않으니 술을 들어 손님에게 권하며 명월의 시를 외우고 요조의 장을 노래한다. 조금 있으니 달이 동산 위에 나타나 두우의 사이를 배회하더라. 백로는 강에 비끼고 물빛은 하늘에 닿았다. 작은 배 가는대로 맡겨 만경의 망연한 곳을 견디어 가노라니 호호하여 허공을 타고 바람을 탄 것만 같아 그치는 데를 알지 못하겠으며 표표히 세상을 잊고 독립하여 우화해서 등선하는 것 같더라. 이에 술을 마시고 맘껏 즐기다. 뱃바닥을 두드리며 노래를 부르니 노래에 가로되, "계수나무 삿대와 목란 돛대는 공명을 치고 유광을 거슬러 오른다. 아득히 나는 생각하되, 미인을 하늘 한 쪽에 바라본다" 고.

1) 壬戌(임술): 송宋 신종神宗 풍원元豊 5년(1082).
2) 旣望(기망): 음력 16일. 망望은 음력 15일.
3) 蘇子(소자): 소식蘇軾 자신을 3인칭으로 일컬은 것.
4) 明月之詩(명월지시): 『시경』『진풍陳風』 "월출月出"편
5) 窈窕之章(요조지장): 『시경』『주남』 "관저關雎"편
6) 縱(종): 마음대로 하게 내버려 두다. 一葦(일위): 갈대의 한 잎. 작은 배. 如(여): 가다.
7) 萬頃(만경): 강 수면의 광활함을 표현한 것.
8) 憑虛(빙허): 하늘에 기대다(의지하다). 御風(어풍): 바람을 타다.
9) 飄飄(표표): 바람에 나부끼는 모양.
10) 桂棹(계도): 계수나무로 만든 노. 蘭槳(난장): 목란나무로 만든 삿대.
11) 空明(공명): 맑은 물에 비친 달그림자. 流光(류광): 흐르는 물에 비친 달빛. 또는 달빛에 비친 흐르는 강물.
12) 渺渺(묘묘): 아득한 모양.

客有吹洞簫者, 倚歌而和之, 其聲嗚嗚然: 如怨如慕, 如泣如訴; 餘音嫋嫋,[13] 不絕如縷; 舞幽壑之潛蛟, 泣孤舟之嫠婦. 蘇子愀然,[14] 正襟危坐, 而問客曰: 何爲其然也 客曰: 月明星稀, 烏鵲南飛,[15] 此非曹孟德之詩乎[16] 西望夏口,[17] 東望武昌,[18] 山川相繆, 鬱乎蒼蒼; 比非孟德之困於周朗者乎[19] 方其破荊州,[20] 下江陸,[21] 順流而東也,舳艫千里,[22] 旌旗蔽空.

객중에 퉁소를 부는 사람이 있어 노래를 따라서 가락을 맞춘다. 그 소리 명명하니 원한인 듯 그리움인 듯 우는 듯 호소하는 듯, 여음은 가늘면서도 끊이지를 않아 실과 같더라. 깊숙한 골짜기 물속에 잠겨있는 교룡을 춤 추이고 고주의 홀어미를 울린다. 소자 추연히 옷깃을 바루고 단정히 앉아서 손님에게 물어 가로되,

"어쩌면 그리도 그러한가."

객이 가로되, "달은 밝고 별은 성긴데 오작이 남쪽으로 날으네." 이는 조맹덕의 시가 아닌가. 서쪽 하구를 바라보고 동쪽 무창을 바라보니, 산천은 서로 이어 빽빽하게도 푸르렀다. 이는 맹덕이 주랑에게 곤욕을 당하던 데가 아닌가. 바야흐로 형주를 깨트리고 강릉에서 내려 흐름을 따라서 동쪽으로 옴에 당해서는 유로가 천리에 이었고, 정기는 하늘을 덮었다.

13) 嫋嫋(요요): 소리가 가냘프고 길게 울리다.

14) 愀然(초연): 슬퍼 안색이 변하는 모양.

15) 적벽대전赤壁大戰이 있던 전날 밤, 조조曹操가 불렀다는 '단가행短歌行'의 시구詩句.

16) 曹孟德(조맹덕): 조조曹操. 위魏의 무제武帝. 맹덕孟德은 조조의 자字.

17) 夏口(하구): 호북성湖北省 한구漢口.

18) 武昌(무창): 호북성 무창武昌.

19) 周朗(주랑): 삼국시대 오吳의 주유周瑜. 24세에 건성중랑장建威中郎將을 지냈으므로 사람들이 주랑周郎으로 부름. 손권孫權의 무장武將으로 적벽赤壁에서 조조의 80만 대군을 크게 물리쳤음. 음악에도 정통하였음.

20) 荊州(형주): 호북성에 있는 지명.

21) 江陵(강릉): 호북성에 있는 지명

22) 조조의 군선軍船이 꼬리에 꼬리를 물고 천리나 연이어져 있음.

釃酒臨江, 横朔賦詩;[23] 固一世之雄也, 而今安在哉 況吾與子漁樵於江渚之上.[24] 侶魚蝦而友麋鹿;[25] 駕一葉之扁舟, 擧匏樽以相屬;[26] 寄蜉蝣於天地, 渺滄海之一粟.[27] 哀吾生之須臾, 羨長江之無窮; 挾飛仙以遨遊, 抱明月而長終, 知不可乎驟得, 託遺響於悲風.

술을 잔질하며 강에 임하여 창을 가로 놓고 시를 짓다. 진실로 일세의 영웅이라. 그런데 지금은 어디에 있는가. 하물며 그대와 나 강저상에 어초하여 어하를 짝하고 미록을 벗함에 있어서야. 일엽경주를 타고 포준을 들어 서로 권하되, 부유를 천지에 붙이니 아득한 창해의 좁쌀 한 알이라. 내 일생의 수유함을 슬퍼하고 장강의 다함 없음을 부러워하노라. 비선을 끼고 오유하며 명월을 안고 길이 끝함을 갑자기 얻을 수 없는 줄 알고 유향을 비풍에 부침일러라.

23) 창槍을 가로놓고 시를 짓다. 전쟁터에서 시를 짓는 것을 말함.

24) 漁樵(어초): 물고기를 잡고 땔나무를 하다. 江渚(강저): 강가.

25) 侶(려): 짝이 되다.

26) 匏樽(포준): 바가지 술잔.

27) 渺(묘): 아득하다.

蘇子曰: 客亦知夫水與月乎 逝者如斯, 而未嘗往也; 盈虛者如彼, 而卒莫消長也. 蓋將自其變者而觀之, 則天地曾不能以一瞬; 自其不變者而觀之, 則物與我皆無盡也. 而又何羨乎 且夫天地之間, 物各有主. 苟非吾之所有, 雖一毫而莫取. 惟江上之淸風, 與山間之明月; 耳得之而爲聲, 目遇之而成色. 取之無禁, 用之不竭. 是造物者之無盡藏也,[28] 而吾與子之所共適.[29] 客喜而笑, 洗盞更酌, 肴核旣盡,[30] 杯盤狼藉. 相與枕藉乎舟中,[31] 不知東方之旣白.

소자가 말하였다. 객도 또한 저 물과 달을 아는가? 감히 이와 같다 하지만 그러나 일찍이 가는 것만이 아닌 것을. 차고비고 함이 저와 같으나 마침내 소장할 수 없음이라. 대저 저 변하는 자 스스

28) 無盡藏(무진장): 불교 용어. 아무리 꺼내어 써도 줄지 않는 창고, 보물.

29) 共適(공적): 함께 가지다.

30) 肴核(효핵): 술안주.

31) 枕藉(침자): 베개도 되고 깔개도 되듯 서로 얼크러져 잔다.

로가 볼 진대, 곧 천지도 일찍이 한 순간이나 가만있지 못하는 것을. 그 변하지 않는 자 스스로가 볼 진대, 곧 물건과 내가 모두 다함이 없음이라. 그런데 또 무엇이 부러워 할 것이 있는가. 또는 저 천지의 사이 물건에 각각 주인이 있으니 진실로 나의 소유가 아닐 진대, 비록 일호라도 취하지 말 것이라. 오직 강상의 청풍과 출간의 명월로 더불어 귀는 이를 얻어 소리를 삼고 눈은 이를 만나 빛을 이룰 것이니 이를 취해도 금할 자 없으며 써도 다하지 않으니 이는 조물주의 무궁한 창고이다. 그리고 그것은 나와 자네가 다 같이 즐겨하는 바라. 객이 기뻐 웃으며 잔을 씻어 다시 잔질을 한다. 안주는 이미 다하고 잔과 쟁반이 낭자하니 서로가 더불어 주중에 베개를 당하여 동방이 이미 밝아옴을 알지 못하더라.

 생각의 창

「적벽부赤壁賦」는 소식이 정치적으로 좌천되어 황주에 있을 때 지은 것이다. 원풍元豊 3년(1080년) 봄, 소식은 황주로 갔는데 황주성 교외의 적벽기赤壁磯에 놀러 가서 두 편의 「적벽부」를 지었다. 전편을 「적벽부」 또는 「전적벽부」라고 하고, 후편을 「후적벽부」라고 한다. 여기에 실린 것은 전편이다. 「적벽부」에서는 주유가 조조의 백만대군을 격파한 고사를 이야기하고 있는데, 사실 조조가 주유와 제갈량이 결성한 촉 · 오 연합군에게 참패한 곳은 여기에서 노래한 적벽이 아니다. 그럼에도 불구하고 소식은 그 제목을 빌어 허무한 마음을 노래함으로써 자신의 실의失意를 드러내고 있다. 부賦는 「초사楚辭」 계통을 이은 산문시散文詩로 송대宋代에 와서 산문에 가까워진 문학 양식이다.

出師表

諸葛亮

臣亮言: 先帝創業未半,[1] 而中道崩殂. 今天下三分, 益州疲弊,[2] 此誠危急存亡之秋也.[3] 然侍衞之臣, 不懈於內; 忠志之士, 忘身於外者, 蓋追先帝之殊遇, 欲報之於陛下也. 誠宜開張聖聽, 以光先帝遺德, 恢弘志士之氣; 不宜妄自菲薄,[4] 引喩失義, 以塞忠諫之路也.

1) 先帝(선제): 촉한蜀漢 소열제昭烈帝 유비劉備. 자字는 현덕玄德.
2) 益州(익주): 당시 촉한의 영토였던 사천성 일대.
3) 秋(추): 때, 고비.
4) 菲薄(비박): 엷다.

신 제갈량이 말씀 올립니다. 선왕께서 창업을 시작하신 지 아직 반도 못했는데 중도에 붕어하셨습니다. 이제 천하가 셋으로 갈리어 익주가 피폐해졌으니, 이는 진실로 위급하고 사느냐 죽느냐의 중요한 고비에 처했습니다. 그러나 임금을 모시는 신하들이 조정에 있으면서 일을 게을리 하지 않고 충성스럽고 뜻있는 병사들이 싸움터에서 목숨을 돌보지 않고 있으니, 대체로 선왕께서 특별히 대우해 주신 데 대해 폐하께 갚고자 함입니다. 진실로 넓게 신하들의 충고를 받아들여 선왕의 남긴 덕을 빛나게 하시고 뜻있는 병사들의 사기를 북돋아야 할 것입니다. 함부로 스스로 엷다고 고하여 뜻을 잃어 충성스런 신하들의 간언의 길을 막는 것은 옳지 못합니다.

宮中府中, 俱爲一體, 陟罰臧否, 不宜異同. 若有作姦犯科及爲忠善者, 宜付有司論其刑賞, 以昭陛下平明之理; 不宜偏私, 使內外異法也.

궁정과 승상부는 한 몸입니다. 승진시키고 벌주고 칭찬하고 책망함에 어긋남이 없어야 합니다. 만약 간사하거나 범하거나 충성스럽거나 착한 자가 있으면 마땅히 유사에 붙여서 그 형벌과 상을 논하여 폐하의 공평하고 도리가 밝은 정치가 시행되어야 할 것입니다. 사사로이 치우쳐서 안과 밖의 법이 달리지는 것은 옳지 못합니다.

侍中·侍郎郭攸之·費禕·董允等, 此皆良實, 志慮忠純. 是以先帝簡拔以遺陛下.[5] 愚以爲宮中之事, 事無大小, 悉以咨之, 然後施行, 必能裨補闕漏,[6] 有所廣益; 將軍向寵,[7] 性行淑均, 曉暢軍事, 試用於昔日, 先帝稱之曰能. 是以衆議擧寵爲督.[8] 愚以爲營中之事, 事無大小, 悉以咨之, 必能使行陣和睦,[9] 優劣得所.[10]

시중 시랑 곽유지·비위·동충 등, 이들은 모두 선량하고 진실하며 사려가 깊고 충성스럽습니다. 때문에 선왕께서 발탁하여 폐하께 남기셨습니다. 제가 생각건대, 궁중의 일은 일의 크고 작음을 막론하고 모두 다 그들에게 자문해야 할 것입니다. 그런 후에 정치를 시행하면 반드시 빠지고 허술한 것을 도와서 모자라는 것을 채워 널리 이익 되는 것이 있을 것입니다. 장군 상총은 성행이 선량하고 고르며 군사 일에 밝게 통달했습니다. 옛날에 시험 삼아 등용했는데 선왕께서 재능이 있다고 칭찬했습니다. 때문에 의론을 모아 상총을 추천하여 독으로 삼았습니다. 제가 생각컨대, 진영陣營의 일은 일의 크고 작음을 막론하고 모두 이들에게 자문하면 반드시 군대가 화목하고 재능에 따라 적재적소에 배치할 수 있을 것입니다.

5) 簡拔(간발): 발탁하다.
6) 裨補闕漏(비보궐루): 비보裨補는 도와서 모자라는 것을 채우는 것. 궐루闕漏는 빠지고 허술한 것.
7) 向寵(상총): 인명, 후주後主 때에 도형후都亭侯에 봉封해졌고, 건흥建興 원년元年에 중부독中部督이 되었음.
8) 寵(총): 앞에 나온 장군 상총.
爲督(위독): 독督으로 삼다.
9) 行陣(항진): 부대, 군대. 항行은 25인.
10) 優劣得所(우열득소): 우열에 따라 적재적소에 배치되어 각각의 능력을 발휘하는 것을 가리킴.

親賢臣, 遠小人, 此先漢所以興隆也; 親小人, 遠賢臣, 此後漢所以傾頹也. 先帝在時, 每與臣論此事, 未嘗不歎息痛恨於桓靈也.[11] 侍中 · 尙書 · 長史 · 參軍,[12] 此悉貞亮死節之臣.[13] 願陛下親之信之, 則漢室之隆, 可計日而待也.[14]

어진 신하를 친히 하고 소인배를 멀리함은 전한이 홍성한 까닭이고, 소인배를 친히 하고 어진 신하를 멀리함은 후한이 무너지고 망하게 된 까닭입니다. 선왕이 계실 적에 매번 신과 이 일을 의논하시어 일찍이 환제와 영제에 대해 탄식과 통한을 마지않았습니다. 시중 · 상서 · 장사 · 삼군, 이는 모두 굳고 진실하여 절개를 지킴으로써 죽을만한 신하입니다. 폐하는 이들을 친히 하시고 믿으시면 곧 한나라 왕실의 홍성을 머지않아 볼 수 있을 것입니다.

臣本布衣, 躬耕於南陽,[15] 苟全性命於亂世, 不求聞達於諸侯. 先帝不以臣卑鄙, 猥自枉屈, 三顧臣於草廬之中,[16] 諮臣以當世之事: 由是感激, 遂許先帝以驅馳.[17] 後値傾覆,[18] 受任於敗軍之際, 奉命於危難之間, 爾來二十有一年矣. 先帝知臣謹愼, 故臨崩, 寄臣以大事也.

신은 본디 평민으로 몸소 남양에서 밭을 갈아 간신히 난세에 목숨을 보전하여 살고 있었기에, 이름이 알려지거나 영달을 제후에게 구하지 않았습니다. 그런데 선왕께서 신을 천하고 보잘 것 없다 하지 않으시고 외람되게도 몸소 굽히고 오시어 세 번이나 신을 초가집 가운데 돌아보시고, 신에게 세상의 일을 물으셨습니다. 이로 말미암아 감격하여 저는 선왕을 위해 뛰어 다니며 일할 것을 약속

11) 桓靈(환령): 후한의 환제桓帝와 영제靈帝. 환관宦官을 중용하여 국정이 문란하였음.

12) 尙書(상서): 궁중에서 황제의 조령을 맡아보는 벼슬. 여기서는 진진陳震. 長史(장사) · 參軍(참군): 군무軍務를 맡아보는 벼슬. 여기서는 장예張裔 · 장완蔣琬.

13) 貞亮(정량): 절개가 굳고 진실하다.

14) 기대하다. 計日而待(계일이대): 날짜를 세면서 기다리다. 즉 오랜 시간이 걸리지 않는다.

15) 南陽(남양): 제갈량은 당시 남양군 서쪽에 살았음. 지금의 호북성湖北省 양양현襄陽縣.

16) 三顧(삼고): 세 번 찾다. 草廬(초려): 초가집. 오두막집.

17) 驅馳(구치): (남을 위해) 뛰어 다니다.

18) 後値傾覆(후치경복): 나중에 싸움에 져서 세력을 잃다. 한漢 헌제獻帝 13년(208) 유비劉備가 조조曹操와 싸워 장판파長板坡에서 패하여 하구夏口로 후퇴하였던 일을 말함.

하였습니다. 나중에 싸움에 져서 세력을 잃고 전쟁에 패했는데 임무를 받아 위급하고 어려운 가운데서 명을 받들었습니다. 그 후 21년이 되었습니다. 선왕께서 신이 삼가고 삼가는 것을 아는 까닭에 붕어에 임하시어 신에게 큰일을 부탁하셨습니다.

受命以來, 夙夜憂勤, 恐託付不效, 以傷先帝之明,[19] 故五月渡瀘,[20] 深入不毛.[21] 今南方已定, 兵甲已足, 當獎率三軍,[22] 北定中原, 庶竭駑鈍,[23] 攘除姦凶,[24] 興復漢室, 還于舊都;[25] 此臣所以報先帝而忠陛下之職分也. 至於斟酌損益, 進盡忠言, 則攸之・禕・允之任也.

명을 받은 이래 밤낮으로 근심하다가 분부하신 것을 실현하지 못하고, 선왕의 총명을 훼손할까 두려워하였습니다. 그러므로 5월에 로수를 건너 남방의 오랑캐 땅으로 깊이 들어갔습니다. 그 결과 남방은 이미 평정되고 군대도 이미 충족되었습니다. 이제 마땅히 삼군을 통솔하여 북으로 중원을 평정할 것입니다. 바라건대, 무능하지만 저의 모든 것을 다하여, 간사하고 흉악한 무리를 물리쳐 한 왕실을 부흥하고 옛 수도에 돌아갈 것입니다. 이는 신이 선왕께 보답하고 폐하께 충성하는 직분을 수행하는 일일 뿐입니다. 손익을 헤아려 나아가 충성스런 말을 다함에 이름은, 곧 유지・위・윤의 소임입니다.

19) 先帝之明(선제지명): 선제先帝 유비劉備의 영명함.

20) 五月渡瀘(오월도로): 건흥建興 3년(225) 5월, 로수瀘水를 건너 남방을 평정한 일.

21) 不毛(불모): 불모지. 여기서는 남방의 오랑캐 땅을 가리킴.

22) 三軍(삼군): 주례周禮에 의하면 일군一軍은 12,500명인데, 천자天子는 육군六軍을, 제후국 중에서 큰 나라는 삼군三軍을, 중간 나라는 이군二軍, 작은 나라는 일군一軍을 둘 수 있다고 함. 여기서는 전군全軍을 말함.

23) 庶竭駑鈍(서갈노둔): 서庶는 바란다. 갈竭은 다하다. 노둔駑鈍은 걸음이 느린 당나귀와 무딘 칼, 즉 무능한 자신이라는 겸사.

24) 姦凶(간흉): 간사하고 흉악한 무리, 여기서는 위나라와 조조를 가리킴.

25) 舊都(구도): 옛 수도. 여기서는 한나라의 옛 도읍지 즉 낙양洛陽을 말함. 서한의 수도는 장안長安이었는데, 후한 광무제光武帝가 낙양洛陽으로 천도하였음.

願陛下託臣以討賊興復之效, 不效則治臣之罪, 以告先帝之靈. 若無興德之言, 則責攸之·褘·允等之咎, 以彰其慢. 陛下亦宜自謀, 以諮諏善道, 察納雅言, 深追先帝遺詔;[26] 臣不勝受恩感激. 今當遠離, 臨表涕泣, 不知所云.

26) 遺詔(유소): 남긴 조서詔書.

원컨대 폐하께서는 신에게 적을 쳐서 한나라를 부흥시키는 임무를 맡기십시오. 성공하지 못하면 신의 죄를 다스려서 선왕의 영혼에 고하십시오. 만약에 덕행을 일으키는 말이 없으면 유지·위·윤 등의 허물을 책하여서 그 태만함을 밝히십시오. 폐하께서도 또한 의당히 스스로 도모하시어 착한 도를 자문하시고 옳은 말을 받아들이어 가슴에 새기시고 선왕의 남긴 조서를 좇으십시오. 신은 은혜를 받은 감격을 이기지 못하여 이제 멀리 떠남에 표를 대하니 눈물이 앞을 가려 무슨 말을 아뢰어야 할지 모르겠습니다.

생각의 창

이 글은 제갈량이 촉한 건흥 5년(227)에 군사를 출동하여, 북으로 위나라를 정벌하러 갈 때, 후주인 유선劉禪에게 올린 글이다. 사師는 군대, 표表는 신하가 왕에게 올리는 글을 말한다. 원로로서 후주인 왕에게 나라의 안위를 걱정하며 토로한 명문장의 감동이 전편에 흘러 넘쳐 「표」의 으뜸으로 평가받는다

개념 용어 정리

* 다음에 제시한 용어나 개념의 의미를 확인하고, 일상생활의 교양 수준에서 어떻게 활용할 수 있는지, 실천 방안을 고민해 보자.

* 勸學:
* 將進酒:
* 楚辭:
* 赤壁大戰:
* 出師表:

생각 넓히기

1. 『고문진보』에 나타난 다양한 양식의 문체를 조사하고, 간략히 설명해 보자.
2. "권학"에 관한 시도 여러 가지가 있다. 여기에 제시하지 않은 다른 작가의 시를 한 편 골라 제시해 보자.
3. 자신의 인생을 화두로 "출사표"를 던져보자.

「고문진보」 이해에 도움이 될 만한 책

김달진 옮김. 『고문진보』. 서울: 문학동네, 2000.
김학주 옮김. 『고문진보』. 서울: 명문당, 2005.
박일봉 역. 『고문진보』. 서울: 육문사, 2000.
성백효 역. 『고문진보』. 서울: 전통문화연구회, 2001.
이장우 옮김. 『고문진보』. 서울: 을유문화사, 2007.

제3부

역사와 진실

제6장
서경書經

사람의 마음은 위태롭기만 하고
도를 지키려는 마음은 지극히 은미하니
자세히 살피고 한결 같이 하여
진실로 그 가운데를 잡으라
人心惟危 道心惟微 惟精惟一 允執闕中
– 『書經』「虞書」"大禹謨"

중국 최고의 역사서 『서경』

『서경』은 중국 고대의 성왕인 요임금으로부터 주나라에 이르기까지 여러 제왕들의 정치상 발언과 행위를 기록한 책이다. 중국 고대의 여러 나라에서 전해 내려오던 역사 기록을 공자가 정리하여 편찬하였다고 한다. 흔히 『상서尙書』라고도 부르는 데, 진秦나라 이전에는 모두 『서書』라고만 불렀고 『서경』이나 『상서』라는 말은 후에 생긴 것이다. 『상서』라는 말은 한문제漢文帝(기원전, 179-157) 때, 복생伏生이 『서경』을 구술하고, '고서古書' -옛날 책이라는 뜻을 살려 『상서』라고 하였다. 그 뒤 사마천의 『사기』와 동중서의 『춘추번로』 등에서 『상서』란 말을 쓰기 시작하여 오늘에 이르렀다. 『상서』는 '옛날 책(古書)' 이란 뜻도 있지만, '존숭할 책' 이라는 의미도 있다. 그러므로 『서경』은 가장 오래된 동시에 가장 높이 존숭할 책이란 의미를 지닌다.

중국에는 옛날부터 사관史官이 있어 제왕의 말과 행동을 기록하였다. 그러므로 옛날부터 수많은 사관들의 기록이 전해지고 있었

尙 높일 상
秦 벼이름 진
伏 엎드릴 복
史 역사 사

다. 그런 기록이 3,000여 편이나 보존되어 있었는데, 공자가 그중 가치 있는 글들 100여 편 뽑아 『서경』을 편찬하였다고 전한다. 공영달의 『상서정의』에 의하면, "공자는 서書를 구하였는데, 황제黃帝의 현손인 제괴帝魁의 서書로부터 진秦나라 목공穆公에 이르기까지 모두 3,240편을 구하였다. 그 중 너무 오래되어 불확실한 기록은 버리고 세상의 법도가 될 만한 가까운 시대의 역사 120편을 고르고 그 가운데서도 필수적인 102편을 모아 『상서』를 만들고 18편으로 중후中侯를 지었다. 나머지 3,120편은 버렸다." 하지만 지금 우리가 보고 있는 『서경』을 순전히 공자가 편찬한 것이라고 보기는 어렵다.

今 이제 금
僞 거짓 위

『서경』에는 『금문상서今文尙書』, 『고문상서古文尙書』, 『위고문상서僞古文尙書』가 있다.

『금문상서』는 29편으로 앞에서 언급한 복생이란 사람이 전한 것이라 한다. 이것은 지금까지 모두 전해져 내려오고 있으며, 『서경』의 여러 편 중에서 진秦나라 시대 이전에 나왔다고 생각된다. 그러므로 다른 것에 비해 상대적으로 믿을 만하다.

『고문상서』는 공자가 살던 옛집의 벽 속에서 나왔는데, 공자의 후손인 공안국이 금문으로 읽었다고 한다. 이를 『금문상서』와 견주어 본 결과 29편 이외에 16편이 더 있었다. 『고문상서』는 내용의 풍부함에도 불구하고 학자들에게 인정받지 못했다.

『위고문상서』는 동진 때 나왔는데, 모두가 58편이었다. 즉 복생의 29편을 33편으로 나누고, 그밖에 25편을 만들어 보탠 것이다. 새롭게 만든 25편은 여러 가지로 의심이 많이 가는 가짜이다. 그러므로 믿을 만한 것이 못된다.

『서경』은 중국 역사에서 매우 귀중한 자료이다. 그 가치를 몇 가지로 제시하면 다음과 같다.

첫째, 『서경』은 후세에 나온 『사기』나 『한서漢書』와 같은 정사들처럼 본격적인 역사책은 아니지만, 중국 고대사의 기록은 거의 이

『서경』으로부터 비롯되었다. 때문에 중국 고대사 연구의 필수자료이다.

둘째, 『서경』은 중국문학사에서 산문散文의 할아버지이다. 왜냐하면 『서경』은 산문으로 쓰여진 가장 오래된 책이기 때문이다. 중국의 시가가 시詩에 바탕하고 있다면, 중국의 산문은 『서경』에 기초한다.

셋째, 『서경』에는 중국의 원초적인 사상이 들어있다. 즉 동양 사상의 뿌리가 들어 있다고 해도 과언이 아니다. 유가儒家의 덕치德治, 도가道家의 무위이치無爲而治, 묵가墨家의 숭검비명崇儉非命, 법가法家의 법치法治 등의 사상이 배태되어 있다. 바로 이 『서경』을 근거로 춘추 전국시대의 다양한 사상가들이 나왔다. 그러므로 우리는 『서경』을 통해 동양의 정신을 발견할 수 있고, 현실 문제를 비추어 볼 수 있다.

散 흩을 산
儒 선비 유
墨 먹 묵
崇 높을 숭

원문 맛보기

曰若稽古帝堯, 曰放勳,[1] 欽明文思.[2] 安安,[3] 允恭克讓. 光被四表,[4] 格于上下.[5] 克明俊德, 以親九族.[6] 九族旣睦, 平章百姓. 百姓昭明, 協和萬邦. 黎民, 於變時雍.[7] (『虞書』『堯典』)[8]

옛날 요임금에 대하여 상고해 본다.

"지극한 공을 세우셨으니, 공손하고 총명하고 우아하고 신중하시다. 온유하시고, 진실로 공손하고도 사양하시다. 빛을 온 세상에 펴시니, 천지에 이르렀다. 큰 덕을 밝히시어, 온 집안을 화목하게 하셨다. 온 집안을 화목하게 하시니, 백성이 밝게 잘 다스려졌다. 백성이 잘 다스려졌으니, 온 세상이 평화롭게 되었다. 백성들은 이에 착해져 화평을 누리게 되었다."

생각의 창

동양에서 태평성대의 상징인 요임금의 덕치德治에 관한 기록이다. 뒤에 나올 『대학』에서 말하는 수신 제가 치국 평천하의 이상을 편 대표적인 인물로 유학은 요임금을 들고 있다. "큰 덕을 밝힌 것"은 요임금이 수신修身한 것을 말하고, "온 집안을 화목하게 함"은 요임금의 제가齊家에 해당하며, "백성이 밝게 잘 다스려 짐"은 치국治國에 해당하고, "온 세상이 평화롭게 됨"은 평천하平天下를 상징한다.

1) 放勳(방훈): 사마천의 『사기』에는 요임금의 이름이라 하였고, 『서전書傳』에서는 '지극한 공'이라고 함.
2) 欽(흠): 행동이 공손한 것, 明(명): 총명한 것, 文(문): 외모가 우아한 것, 思(사): 생각이 깊은 것.
3) 安安(안안): 모습이 편안한 것을 형용한 말.
4) 光(광): 요임금의 덕을 상징함. 四表(사표): 사방, 세상.
5) 格(격): 이르다. 上下(상하): 하늘과 땅, 천지天地를 말함.
6) 九族(구족): 자기를 중심으로 고조高祖부터 현손玄孫에 이르는 9대에 걸친 집안 사람들.
7) 於(오): 탄식할 오, 감탄사. 時(시): 시是자와 통용, 이에.
8) 典(전): '기록'이란 뜻으로 『요전』은 요임금에 관한 기록이란 뜻.

人心惟危, 道心惟微, 惟精惟一,[9] 允執厥中.[10]
(『虞書』『大禹謨』)

사람의 마음은 위태롭기만 하고, 도道를 지키려는 마음은 지극히 은미隱微하니, 자세히 살피고 한결 같이 하여 진실로 그 가운데를 잡으라.

생각의 창

"人心惟危, 道心惟微, 惟精惟一, 允執厥中" 16자를 유학의 심법心法이라고 한다. 사람의 마음은 하늘의 도를 지키려 해도 이기적인 욕망에 사로잡혀 도에 어긋나기 쉬우므로 위태롭다. 도를 지키려는 마음은 사람의 마음이 욕망으로 향하고 있어 지키기가 어려워 희미해지고 은미하게 가려지기 쉽다. 그러므로 정신을 모으고 한결 같이 마음을 정돈해야 본심을 보존할 수 있다.

皐陶曰,[11] 都.[12] 亦行有九德. 亦言其人有德, 乃言曰, 載采采.[13] 禹曰, 何. 皐陶曰, 寬而栗, 柔而立, 愿而恭, 亂而敬,[14] 擾而毅, 直而溫, 簡而廉, 剛而塞, 彊而義, 彰厥有常, 吉哉.[15]

日宣三德, 夙夜浚明, 有家.[16] 日嚴祗敬六德, 亮采有邦. 翕受敷施,[17] 九德咸事, 俊乂在官,[18] 百僚師師, 百工惟時, 撫于五辰,[19] 庶績其凝. 無敎逸欲有邦, 兢兢業業. 一日二日,[20] 萬幾. 無曠庶官.[21] 天工,[22] 人其代之.[23] (『虞書』『皐陶謨』)

고요가 말하였다.

"아! 또한 행동에는 아홉 가지 덕이 있습니다. 그 사람이 덕이 있다고 말할 때에는 어떤 일을 어떻게 실천했다고 말해야 될 것입니다."

9) 惟精惟一(유정유일): 정신을 한 곳에 모으고 통일한다는 의미.

10) 厥(궐): '그것' 이란 뜻.
中(중)은 마음을 나타냄.

11) 皐陶(고요): 순임금의 신하로서 형벌을 다스리는 사士 벼슬을 지낸 사람.

12) 都(도): 아! 감탄사.

13) 載采采(재채채)는 "이 일은 이렇게 하고 저 일은 저렇게 하였다" 라는 의미.

14) 亂(란): 다스리다. 치治와 같은 의미.

15) 吉(길): 길한 사람. 9덕을 갖추고 있는 좋은 사람.

16) 有家(유가): 집을 다스린다는 치가治家의 의미.

17) 翕受(흡수): 3덕과 6덕을 갖춘 사람들을 모두 받아들임. 敷施(부시): 덕을 널리 펴는 일.

18) 俊乂(준예): 재덕이 천 사람 이상으로 뛰어난 사람을 준俊이라 하고, 백 사람 이상 뛰어난 사람을 예乂라고 함.

19) 五辰(오신): 사철을 말함.

20) 一日二日(일일이일): 아주 짧은 기간.

21) 曠(광): 관원들이 자리를 비우고 제할 일을 하지 않는다는 의미.
22) 天工(천공): 하늘의 일.
23) 人(인): 임금과 관원들.

우가 말하였다.

"무슨 뜻입니까?"

고요가 말하였다.

"너그러우면서도 위엄이 있고, 부드러우면서도 꿋꿋하고, 성실하면서도 공손하고, 다스리면서도 공경하고, 온순하면서도 굳세고, 곧으면서도 온화하고, 간략하면서도 세심하고, 억세면서도 착실하고, 날래면서도 올바르게 해야 하니, 이 모든 것들이 뚜렷하고 언제나 그러하면 훌륭한 사람일 것입니다."

나날이 세 가지 덕을 베풀면, 새벽부터 밤늦게까지 다스리고 밝히어 집안을 거느리게 될 것입니다. 나날이 여섯 가지 덕을 엄히 공경하면, 일을 밝히어 나라를 거느리게 될 것입니다. 이 여러 가지를 모두 받아들여 널리 편다면, 아홉 가지 덕을 가진 사람들이 모두 섬기게 되어 뛰어나고 훌륭한 사람들이 관청에 있게 되고, 여러 관리들이 서로 배우며 일하게 될 것이며, 때를 맞추어 일하고 사철을 따라 일하여, 여러 가지 일이 모두 이루어지게 될 것입니다.

안일함과 욕심으로 나라를 다스리지 말게 하시고, 조심하고 두려워하십시오. 하루 이틀 사이에 온갖 기틀이 생깁니다. 여러 관리들이 일을 저버리지 않게 하십시오. 하늘의 일은 사람들이 대신하는 것입니다.

생각의 창

고요는 사람의 덕을 아홉 가지로 설명했다. 이 중 세 가지를 갖추면 집안을 다스릴 만한 사람이 될 수 있다. 여섯 가지를 갖추면 나라를 다스릴 만한 재목이 된다. 세상을 다스리는 사람은 이러한 덕을 갖춘 사람들을 고루 등용해야만 한다. 그리고 나라를 다스림에 한 사람 한 사람의 덕도 중요하지만, 하늘의 뜻과 하늘의 질서를 따라 백성들을 법과 예로 다스려야 함을 강조하고 있다. 하늘의 뜻은 바로 백성들을 통해 전달되기 때문이다.

惟十有三祀,[24] 王訪于箕子.[25] 王乃言曰, 嗚呼, 箕子. 惟天陰騭下民, 相協厥居, 我不知其彝倫攸敍. 箕子乃言曰, 我聞, 在昔, 鯀陻洪水,[26] 汨陳其五行, 帝乃震怒, 不畀洪範九疇, 彝倫攸斁. 鯀則殛死, 禹乃嗣興, 天乃錫禹, 洪範九疇, 彝倫攸敍.

24) 十有三祀(십유삼사): 즉 무왕이 즉위한 지 13년째 되던 해를 말함.

25) 箕子(기자): 기자조선 箕子朝鮮을 세움.

26) 鯀(곤): 우임금의 아버지.

13년째 되던 해에 임금이 기자箕子를 방문하였다. 임금께서 말씀하셨다.

"오오! 기자여. 하늘은 몰래 백성들을 정하여 놓고, 그들의 삶을 돕고 화합하게 하시나, 나는 그 떳떳한 도리가 베풀어지는 바를 알지 못하고 있다."

기자가 말하였다.

"제가 듣건대, 옛날에 곤이 홍수를 막아, 그 오행의 배열을 어지럽히니, 황제께서 크게 진노하여, 홍범구주洪範九疇를 주지 않았으니, 떳떳한 도리가 없어졌습니다. 곤은 죽을 때까지 귀양살이를 하게 되고 우가 이어 일어나니, 하늘은 우에게 홍범구주를 내리시어, 떳떳한 도리가 베풀어 졌습니다."

初一, 曰五行. 次二, 曰敬用五事. 次三, 曰農用八政.[27] 次四, 曰協用五紀, 次五, 曰建用皇極. 次六, 曰乂用三德. 次七, 曰明用稽疑.[28] 次八, 曰念用庶徵.[29] 次九, 曰嚮用五福,[30] 威用六極.

27) 農(농): 힘쓰다.

28) 稽疑(계의): 의심나는 것을 묻는 것.

29) 庶徵(서징): 여러 가지 징험.

30) 嚮(향): 饗(향;대접하다)과 통용. 기르다.

첫째는 오행이요, 둘째는 다섯 가지 일을 공경히 행하는 것이요, 셋째는 여덟 가지 정사를 힘써 행하는 것이요, 넷째는 다섯 가지 기율을 조화되게 하는 것이요, 다섯 째는 임금의 법칙을 세워 쓰는 것이요, 여섯째는 세 가지 덕을 다스리어 쓰는 것이요, 일곱째는 의문을 물은 것을 밝히어 쓰는 것이요, 여덟째는 여러 가지 징험徵驗을 생각하며 쓰는 것이요, 아홉째는 다섯 가지 복을 길러 쓰는 것과 여섯 가지 궁함을 극복하여 쓰는 것입니다.

一, 五行, 一曰水, 二曰火, 三曰木, 四曰金, 五曰土. 水曰潤下, 火曰炎上, 木曰曲直, 金曰從革,[31] 土爰稼穡.[32] 潤下作鹹, 炎上作苦, 曲直作酸, 從革作辛, 稼穡作甘.

첫째, 오행은 첫째는 물, 둘째는 불, 셋째는 나무, 넷째는 쇠, 다섯째는 흙입니다. 물은 적시고 내려가는 것이고, 불은 타고 올라가는 것이며, 나무는 굽고 곧은 것이고, 쇠는 따르고 바뀌는 것이고, 흙은 심고 거두는 것입니다. 적시고 내려가는 것은 짠 것을 만들고, 타고 올라가는 것은 쓴 것을 만들고, 굽고 곧은 것은 신 것을 만들고, 따르고 변하는 것은 매운 것을 만들고, 심고 거두는 것은 단 것을 만듭니다.

二, 五事, 一曰貌, 二曰言, 三曰視, 四曰聽, 五曰思. 貌曰恭, 言曰從, 視曰明, 聽曰聰, 思曰睿. 恭作肅, 從作乂, 明作哲, 聰作謀, 睿作聖.

둘째, 다섯 가지 일(五事)은 첫째는 외모, 둘째는 말, 셋째는 보는 것, 넷째는 듣는 것, 다섯 째는 생각하는 것입니다. 외모는 공손해야 하고, 말은 이치를 따라야 하고, 보는 것은 밝아야 하고, 듣는 것은 분명해야 하고, 생각하는 것은 슬기로워야 하는 것입니다. 공손함은 엄숙함을 만들고, 이치를 따름은 조리를 만들고, 밝음은 지혜를 만들고, 분명함은 꾀를 만들고, 슬기로움은 성인을 만듭니다.

31) 從革(종혁): 쇠붙이의 성질은 사람의 마음에 따라 모양을 바꿀 수 있음.

32) 稼穡(가색): 곡식을 심고 거두어 들임.

三, 八政, 一曰食,[33] 二曰貨, 三曰祀, 四曰司空,[34] 五曰司徒,[35] 六曰司寇,[36] 七曰賓,[37] 八曰師.

셋째, 여덟 가지 정사는 첫째는 먹는 것, 둘째는 재화, 셋째는 제사, 넷째는 땅을 다스리는 것, 다섯째는 백성을 가리키는 것, 여섯째는 범죄를 다스리는 것, 일곱째는 손님(사신)을 대접하는 것, 여덟째는 군대입니다.

33) 食(식): 먹는 것을 다스리는 관리.
34) 司空(사공): 땅과 백성들이 거처하는 곳을 다스리는 관리.
35) 司徒(사도): 백성을 가르치는 교육을 담당한 관리.
36) 司寇(사구): 범죄를 다스리는 관리.
37) 賓(빈): 제후와 같은 귀한 손님의 접대를 맡은 관리.

四, 五紀, 一曰歲, 二曰月, 三曰日, 四曰星辰, 五曰曆數.

넷째, 다섯 가지 기율은 첫째는 해, 둘째는 달, 셋째는 날, 넷째는 별, 다섯째는 역법의 계산입니다.

五, 皇極, 皇建其有極. 時五福, 用敷錫厥庶民, 惟時厥庶民, 于汝極, 錫汝保極. (중략)

다섯째, 임금의 법칙은 임금이 그가 다스리는 법을 세우는 것입니다. 다섯 가지 복을 모아 가지고서 그의 백성들에게 베풀어주면, 그 백성들도 당신의 법칙을 따라 법을 지켜 줄 것입니다. (중략)

六, 三德, 一曰正直, 二曰剛克, 三曰柔克. 平康正直, 彊弗友剛克,[38] 燮友柔克,[39] 沈潛剛克, 高明柔克.(중략)

38) 弗友(불우); 친하게 따르지 않는 것.
39) 燮友(섭우): 화하고 친하게 따르는 것.

여섯째, 세 가지 덕이라는 것은 첫째는 바르고 곧은 것, 둘째는 강함으로 이기는 것, 셋째는 부드러움으로 이기는 것입니다. 평화

롭고 안락함에는 바르고 곧음으로 하고, 강하고 따르지 않음에는 강함으로 이기게 하고, 화하고 따름에는 부드러움으로 이기게 하고, 가라앉고 숨으려 함에는 강함으로 이기고, 높고 밝음에는 부드러움으로 이기는 것입니다.(중략)

七, 稽疑, 擇建立卜筮人,[40] 乃命卜筮. 曰雨, 曰霽, 曰蒙, 曰驛,[41] 曰克.[42] 曰貞, 曰悔.(중략)

일곱째, 의심을 묻는다는 것은 거북점과 시초점 치는 사람을 골라 세우고, 이에 거북점과 시초점을 명하는 것입니다. 비가 오겠다, 개겠다, 안개가 끼겠다, 날이 밝겠다, 흐렸다 맑았다 하겠다로 말할 것입니다. 그리고 정괘貞卦니 회괘悔卦니 하고 말할 것입니다.(중략)

八, 庶徵, 曰雨, 曰暘, 曰燠, 曰寒, 曰風, 曰時. 五者來備, 各以其敍, 庶草蕃廡. 一極備, 凶, 一極無, 凶. 曰休徵, 曰肅, 時雨若. 曰乂, 時暘若. 曰哲, 時燠若. 曰謀, 時寒若. 曰聖, 時風若. 曰咎徵, 曰狂, 恒雨若. 曰僭, 恒暘若. 曰乂, 恒燠若. 曰急, 恒寒若. 曰蒙, 恒風若.(중략)

여덟째, 여러 가지 징험이라는 것은 비오는 것, 햇빛 나는 것, 더운 것, 추운 것, 바람 부는 것, 철이 돌아가는 것을 말합니다. 다섯 가지가 갖추어지고, 각기 그 질서대로 되면, 모든 풀도 무성해질 것입니다. 한 가지만 너무 갖추어도 흉하고, 한가지만 너무 없어도 흉합니다. 아름다운 징험이란 삼가 철에 맞게 내리는 비, 조리 있음에 철에 맞게 쬐는 햇빛, 지혜 있음에 철에 맞는 더위, 깊은 생각에 철에 맞는 추위, 성인 같음에 철에 맞는 바람이 따르는 것입니

40) 卜筮(복서): 복卜은 거북이로 점치는 것. 서筮는 시초로 점치는 것.

41) 고문古文에서는 圛(체)라 쓰고 있는 데, '날이 밝다'란 의미이다.

42) 克(극): 서로 섞인다는 뜻으로 날이 흐렸다 맑았다 함.

다. 나쁜 징험이란 경망함에 오랫동안 내리는 비, 어긋남에 오랫동안 햇빛이 드는 것, 편히 놂에 오랫동안 더위가 따르는 것, 조급함에 오랫동안 추위가 따르는 것, 몽매함에 오랫동안 바람이 따르는 것입니다.

九, 五福, 一曰壽, 二曰富, 三曰康寧, 四曰攸好德, 五曰考終命.[43] 六極, 一曰凶短折,[44] 二曰疾, 三曰憂, 四曰貧, 五曰惡, 六曰弱. (「周書 · 洪範」)

43) 考終命(고종명): 늙어서 자연적으로 죽는 것.
44) 凶(흉): 횡사橫死. 短折(단절): 요절夭折.

아홉째, 다섯 가지 복은 첫째는 오래 사는 것, 둘째는 풍부하게 되는 것, 셋째는 안락한 것, 넷째는 훌륭한 덕을 닦는 것, 다섯째는 늙음으로써 목숨을 마치는 것입니다. 여섯 가지 궁한 것은 첫째는 횡사나 일찍 죽는 것, 둘째는 병드는 것, 셋째는 근심하는 것, 넷째는 가난한 것, 다섯째는 흉악한 것, 여섯째는 약한 것입니다.

생각의 창

인간사를 다스리는 큰 법칙인 홍범구주洪範九疇를 설명한 것이다. 오행五行은 수화목금토水火木金土이고, 오사五事는 외모, 말, 봄, 들음, 생각함이다. 팔정八政은 먹는 것, 재물, 제사, 땅, 백성, 죄, 손님, 군대를 다스리는 일이고, 오기五紀는 해, 달, 날, 별, 역법 계산이다. 최고지도자 임금이 자질과 요건은 황극皇極인데, 삼덕三德은 바르고 곧음, 강함으로 이김, 부드러움으로 이김이고, 계의稽疑거북점과 시초점이 있다. 오복육극五福六極에서 오복은 오래 삶, 부유함, 안락함, 미덕을 닦음, 늙어 잘 죽는 일이고, 육극은 횡사와 일찍 죽음, 병듦, 근심함, 가난함, 악함, 몸이 약한 것이다.

洪 큰물 홍
範 법 범
疇 밭두둑 주
政 정사 정

개념 용어 정리

* 다음에 제시한 용어나 개념의 의미를 확인하고, 일상생활의 교양 수준에서 어떻게 활용할 수 있는지, 실천 방안을 고민해 보자.

* 人心惟危 道心惟微:
* 洪範九疇:
* 彝倫:
* 五行:
* 皇極:
* 五福:

생각 넓히기

1. 『서경』은 어떤 역사적 교훈(혹은 역사의식)을 보여주는지 자신의 생각을 제시해 보자.
2. 『서경』은 중국 최고의 역사 기록이다. 우리나라 최고의 역사 기록으로 볼 수 있는 『삼국사기』나 『삼국유사』와 비교해 보고, 유사점과 차이점을 설명해 보자.
3. 홍범구주洪範九疇를 현대 민주주의적 관점에서 재해석해 보자.

「서경」 이해에 도움이 될 만한 책

김학주. 『서경』. 서울: 명문당, 2002.
서정기. 『새시대를 위한 서경』상 · 하. 서울: 살림터, 2003.
성백효 역주. 『서경집전』. 서울: 전통문화연구회, 1993.
이기동. 『서경강설』. 서울: 성균관대출판부, 2007.
이상진 외. 『서경』. 서울: 자유문고, 2004

읽기자료

요순堯舜과 우禹

요와 순은 전설상에 등장하는 중국 고대의 어진 임금이다. 흔히 요순이라고 한다. 중국 전통 정치에서 가장 이상적인 군주이자 역대 제왕의 모범이다. 그들의 사적은 당시 사료로 증명하기는 어렵다. 그러나 기원전 500년 경, 중국 사람들의 그들의 존재를 깊이 믿고 있었다. 『서경』의 기록도 그런 추측을 뒷받침한다.

사마천의 『사기』에 의하면, 요임금은 황제의 현손玄孫이고 순임금은 황제의 8세손이라고 하는데, 그들은 동시대를 산 것으로 전해진다. 대략 기원전 2357년에서 기원전 2184년 정도로 중국 최초의 국가인 하나라보다 170여년이나 앞선 시기에 활동했다. 하 왕조는 순의 뒤를 이은 우가 창시하였다.

요임금은 인자하고 관대한 군주로서 모든 일에 관용적 태도를 취한 것으로 알려져 있다. 그가 임금으로 있는 동안 백성들은 각자 자유스럽고 안락한 생활을 영위하고 국가의 간섭을 받지 않았다. 때문에 백성들은 요임금의 능력을 직접 느끼지 못해 그 덕망을 헤아리기 어려웠다. 요임금의 치적 가운데 후세에 가장 칭송받는 것은 천하를 공公으로 생각하고 왕위를 순임금에게 양위한 사실이다.

순임금은 본래 지금의 산동성에 있는 역산歷山의 농부였다. 그의 집안은 매우 복잡하였는데, 부모와 이복동생들이 순을 적대시하고 해코지하여 몇 번이나 죽을 고비를 넘겼다. 그런 상황에서도 순은 누구도 따를 수 없는 겸손과 존경으로 부모를 모셨고, 그 결과 효도로 주변에 이름을 떨쳤다. 순은 일찍이 고기 잡는 어부, 도자기를 굽는 장인, 장사꾼이 되어 여러 방면에 재능을 보였다. 이에 그의 재능과 덕망은 많은 사람들을 감동시켰고, 이로 인해 그가 가는 지방마다 사람들이 따랐다. 이런 점에서 그는 덕망 있는 영도자였다.

이런 소식을 들은 요임금은 순을 조정으로 불러 요직에 앉혔다. 그리고 두 딸을 순에게 시집보내 놓고, 순이 가정을 갖고 어떻게 일을 처리하는지 그 능력을 시험하였다. 그 결과 순은 모든 측면에서 순리에 맞게 일을 처리하는 비범함을 증명했다. 그러자 요임금은 순에게 국정을 위임하고 자신의 뒤를 이어 임금이 되게 하였다.

순임금의 정치는 요임금에 비하여 훨씬 엄격했다. 순은 요임금을 보좌하고 있을 때, 재주가 없고 지저분한 일을 한 자들을 축출하거나 죽이고, 재능과 덕망이 있던 우禹・설契・고요皐陶 등 여러 사람을 등용하였다.

요임금의 말년에 홍수가 전국에 범람했다. 요임금은 곤鯀에게 명하여 홍수를 다스리게 하였다. 곤은 9년 동안이나 제방을 쌓으며 홍수를 막으려고 노력했으나 실효를 거두지 못하였다. 이에 순은 요임금에게 곤을 사형에 처할 것을 청하였다. 순임금이 즉위하자 곤의 아들 우禹에게 치수治水의 임무를 계속 맡겼다. 우는 강물 흐름을 다스리는 방법을 강구하여 홍수와 싸운 지 13년 만에 드디어 성공을 거두었다. 우는 치수 기간에 공적인 일만을 생각하고 개인적인 일은 잊고 살았다. 그러기에 자기 집 앞을 세 번이나 지나치면서도 들어가지 않았다고 한다. 순임금은 우의 치수 공적을 인정하여 섭정攝政을 명하였다. 그리고 순임금이 죽은 후 우가 임금 자리에 올랐다.

제7장
춘추春秋

불의를 많이 행하면
반드시 스스로 망하는 법이다
多行不義. 必自斃
『춘추』 "隱公 元年"

중국 고대 역사 기록의 통칭 『춘추』

『춘추』는 원래 고대 역사를 기록한 책의 통칭이었다. 즉 역사 기록을 말하는 것이었다. 각 나라에는 제 각각의 『춘추』가 있었다. 그러나 후세에 모두 전해지지는 않았다. 전해 내려온 것은 단지 노魯나라의 『춘추』 였다. 이리하여 『춘추』는 노나라의 역사를 가리키는 전용명사가 되었다.

『춘추』는 춘추시대 노나라 사관史官이 노나라를 기준으로 자기 나라의 역사를 기록한 책이다. 그 내용은 노나라 은공隱公 원년元年(기원전 722년)부터 애공哀公 27년(기원전 468년)까지의 255년간의 기록을 담고 있다. 노나라를 중심으로 한 여러 주변국들의 중요한 사건, 예컨대 군주의 즉위, 개원改元, 조빙朝聘, 회맹會盟, 사망死亡, 전쟁戰爭, 제사祭祀, 천재天災 등 다양한 일을 기록하고 있다. 서술 방식은 편년체編年體로 되어 있으며, 문체는 지극히 간결하다. 이것을 공자가 다시 새롭게 정리하여 『춘추』로 편찬했다.

공자는 『춘추』를 편찬하면서 단순히 연대기年代記 식으로 사실

魯 노둔할 노
改 고칠 개
元 으뜸 원
戰 싸울 전
編 엮을 편

邪 간사할 사
孟 맏 맹
說 말씀 설

만을 정리하여 나열하지 않았다. 하나하나의 사실에 대하여 "옳은 일이냐 그른 일이냐, 착한 일이냐 나쁜 일이냐"를 따지는 정사선악正邪善惡의 가치 판단을 내리고 사실史實의 시비是非를 가리었다. 이런 정신을 담아서 글을 쓰는 것이 이른 바 '춘추필법春秋筆法'이다. 때문에 『춘추』는 유학의 경전 중에서 중요한 위치를 차지하게 되었다. 『맹자孟子』「등문공滕文公」에 보면, "나를 알아 줄 자도 춘추春秋요 나에게 죄를 줄 자도 춘추일 뿐이다"고 공자가 말했다는 것으로 보아, 『춘추』를 통해 공자가 역사 비판에 얼마나 심혈을 기울였는지 알 수 있다.

공자가 『춘추』를 지을 당시, 중국은 '춘추'라는 혼란의 시대였다. 『맹자』「등문공」에 보면 "세상이 쇠란해지고 정도正道가 희미해져서 사설邪說과 폭행이 일어났으니, 신하가 임금을 죽이고 자식이 아비를 죽이는 일이 생겼다. 공자가 이를 두려워하여 『춘추』를 지었다."고 하였다. 맹자는 또한 이러한 공자의 뜻을 "『춘추』가 지어지니 난신亂臣과 적자賊子가 두려워하게 되었다."라고 말하고 있다.

오늘날 전하고 있는 『춘추』의 해설서는 『좌전左傳』·『공양전公羊傳』·『곡량전穀梁傳』의 세 가지가 있는데, 이것을 통합하여 『춘추삼전春秋三傳』이라 한다. 이 삼전은 『춘추』를 풀이한 것으로, 서로 다른 관점에서 해석했으므로, 전통적으로 그 특색과 장단점에 대해 의견이 많았다.

원문 맛보기

經

元年.[1] 春, 王正月.[2] 三月, 公及邾[3]儀父盟于蔑.[4] 夏, 五月, 鄭伯[5]克段[6]于鄢.[7] 秋, 七月, 天王使宰[8]咺來歸惠公仲子[9]之賵.[10] 九月, 及宋人盟于宿.[11] 冬, 十有二月, 祭伯來, 公子益師卒.

원년, 봄, 주력으로 왕정월. 3월에 은공이 주나라의 의보와 멸지역에서 동맹을 했다. 여름, 5월에 정백이 언지역에서 단을 이겼다. 가을, 7월에 천자가 재인 훤을 보내 혜공과 중자의 부의를 주었다. 9월에 송나라 사람과 숙땅에서 동맹을 했다. 겨울, 12월에 제백이 왔다. 공자 익사가 죽었다.

생각의 창

이 대목은 『춘추』의 맨 앞부분이다. 『춘추』는 매년 사건을 기록할 때마다 반드시 "왕정월王正月"이라는 표현을 써서 시기를 분명하게 했다. 그리고 봄 여름 가을 겨울의 계절과 월을 표시하여 정확성을 더했다. 이것이 바로 편년체의 특징이다. 여기에 언급되지 않은 춘추의 나머지 부분도 모두 이와 같다.

1) 元年(원년): 노나라 은공隱公 원년元年.
2) 王正月(왕정월): 왕은 주왕周王 노魯나라가 주周나라의 달력을 썼으므로 주나라 왕이란 뜻의 왕王자가 들어간 것.
3) 邾(주): 노나라의 속국屬國.
4) 蔑(멸): 노나라의 지명地名.
5) 鄭伯(정백): 정鄭나라 장공莊公.
6) 段(단): 정나라 장공의 동생으로 공숙단公叔段이라고도 함.
7) 鄢(언): 정나라 지명地名.
8) 宰(재): 제후나 제신에게 조문을 가거나 부의를 전달하는 일을 맡는 벼슬 이름.
9) 仲子(중자): 노나라 환공의 어머니.
10) 賵(봉): 죽은 자에게 보내는 부의賻儀로서 거마車馬를 예물로 보내는 것을 말함.
11) 宿(숙): 나라 이름.

傳

元年, 春, 王周正月. 不書卽位, 攝[1]也.

경문에 "원년 춘 정월"이라 했는데 이것은 주나라 달력의 정월이다. 경에 즉위했다는 기사가 없는 것은 섭정을 했기 때문이다.

三月, 公及 儀父盟于蔑, 子克也. 未王命, 故不書爵, 曰儀父, 貴之也. 公攝位而欲求好於邾, 故爲蔑之盟.

3월에 은공이 주의 의보와 멸에서 동맹을 했다는 것은 주자, 즉 극과 동맹을 맺은 일이다. 극은 주나라 왕으로부터 임명된 정식 제후가 아니기 때문에 호칭을 쓰지 못했다. 의보라고 한 것은 그를 높여준 것이다, 은공이 섭정이라고는 하지만 즉위하면서 주나라와의 사귐을 좋게 하기 위해서 멸에서 동맹을 맺었다.

夏, 四月, 費伯帥師城郞,[2] 不書, 非公命也.

여름, 4월에 대부 비백이 군사를 이끌고 낭이란 곳에다 성을 쌓았으나, 기록하지 않은 것은 은공의 명이 아니기 때문이다.

初, 鄭武公娶于申, 曰武姜. 生莊公, 及共叔段. 莊公寤生, 驚姜氏, 故名曰, 寤生, 遂惡之. 愛共叔段, 欲立之. 亟請於武公, 公弗許. 及莊公卽位, 爲之請制.[3] 公曰, 制, 巖邑也. 虢叔[4]死焉, 他邑唯命. 請京, 使居之, 謂之京城大叔.[5]

처음에 정나라 무공이 신후의 딸을 부인으로 맞이하였는데 무강이라 하였다. 무강은 장공과 공숙단을 낳았다. 장공을 낳을 때 난

1) 攝(섭): 임금의 자리를 대행 하는 것. 섭정攝政.

2) 郞(랑): 노나라의 나라 이름.

3) 制(제): 옛날 東虢(동괵)의 땅. 지금의 하남성 범수현氾水縣 서남쪽.

4) 虢叔(괵숙): 주周나라 초기의 왕족. 문왕의 동생.

5) 京城大叔(경성대숙): 경京은 지금의 영양현滎陽縣 동남쪽을 말하고, 경성京城이라고 한 것은 경京의 성城이 제후의 도성都城에 비할 만큼 커서 그렇게 부른 것. 대숙大叔은 특별히 높이는 뜻을 나타냄.

산이라서 무강을 놀라게 했다. 이 때문에 오생이라 이름을 지었다. 강씨는 장공을 미워하고 공숙단을 사랑해서 이를 태자로 세우려고 무공에게 자주 요청했으나 무공이 허락하지 않았다. 장공이 즉위하게 되자 강씨는 공숙단을 제읍에 봉할 것을 요청했다.

장공이 말하였다.

"제라는 곳은 혹독한 지역이다. 괵숙도 여기서 죽었다. 다른 고을이라면 분부대로 따르겠다."

그래서 경이라는 곳을 요청했는데, 그곳에 단을 살게 하였다. 그러자 세상 사람들은 단을 경성의 대숙이라고 불렀다.

祭仲曰, 都城過百雉,[6] 國之害也. 先王之制, 大都, 不過參國之一. 中, 五之一. 小, 九之一. 今京不度, 非制也. 君將不堪, 公曰, 姜氏欲之, 焉辟害. 對曰, 姜氏何厭之有, 不如早爲之所, 無使滋蔓, 蔓難圖也. 蔓草猶不可除, 況君之寵弟乎. 公曰, 多行不義. 必自斃, 予姑待之. …….

6) 雉(치): 성벽의 면적을 계산하는 단위. 높이 한 길, 넓이 세 길을 말함.

대부 제중이 말하였다.

"지방의 도성이 일 백 치가 넘으면 나라에 해가 됩니다. 선왕의 제도에 지방의 도성은 큰 것이 국도의 1/3이고, 중간 정도면 1/5, 작은 것은 1/9입니다. 지금 경이란 성은 너무 커져 옛 제도에 어긋납니다. 군주께서는 장차 그의 세력 때문에 난처해지실 겁니다."

장공이 말하였다.

"어머니 강씨가 원하시는 바이니 어찌 피할 수가 있겠소?"

제중이 대답하였다.

"강씨가 어찌 이것으로 만족하시겠습니까? 그러니까 일찍 도모하는 것만 같지 못합니다. 뻗어나가는 풀도 오히려 제거하기 어렵거늘 하물며 임금님의 사랑하는 아우가 아니옵니까?"

장공이 말하였다.

"불의를 많이 행하면 반드시 스스로 망하는 법이다. 그대는 때가 올 때까지 기다려 주기 바란다."

생각의 창

노나라는 주나라를 그들이 추구하는 이상적인 국가로 삼고 있다. 그것은 달력 사용에서 주나라의 제도를 채용하고 있다는 점에서도 짐작할 수 있다. 주나라는 음력 11월을 한해의 시작으로 잡았고, 은나라는 음력 12월을 한 해의 시작으로 삼는다. 하나라는 태초력을 쓰는데 이는 한해의 시작이 음력 1월이다. 이는 시대에 따라 한 해의 시작이 다름을 의미한다. 오늘날은 태양력과 태음력을 병행하지만, 태양력을 중심으로 달력을 쓰기 때문에 동양 전통의 역법과는 상당한 거리가 있다.

經

哀公 二十七年[1] 春, 越子[2] 使后庸來聘, 且言邾田, 封[3] 于駘上. 二月, 盟于平陽, 三子[4] 皆從. 康子病之, 言及子贛, 曰若在此, 吾不及此夫. 武伯曰, 然. 何不召. 曰, 固將召之. 文子曰, 他日請念.

1) 哀公二十七年(애공 27년): 『춘추』에 기록된 마지막 해.
2) 越子(월자): 월왕 구천을 말함.
3) 封(봉): 경계를 짓다.
4) 三子(삼자): 노나라의 3자인 계강자, 숙손문자, 맹무백을 말함.

애공 27년(기원전 468년) 봄. 월나라 왕 구천이 대부 후용을 노나라로 보냈는데, 주 땅 문제를 상의하여 태상을 두 나라 국경으로 정했다. 2월 평양에서 동맹했는데 삼자가 모두 따랐다. 계강자가 걱정하면서 자공을 상기하고는 탄식하며 말했다. "만일 자공이 여기 있었다면 우리가 이 지경에 이르지는 않았을 것입니다." 맹무백이 말하였다. "그렇습니다. 그런데 어찌하여 그를 부르지 않았습니까?" "실제로는 그를 부르려고 했소." 숙순문자가 말하였다. "다른

날 청할 수 있도록 기억해 주기 바랍니다."

생각의 창

이 대목은 『춘추』의 마지막 해의 기록이다. 기록의 끝까지 전쟁과 음모, 권력다툼, 인간을 대하는 태도 등 인생의 희노애락과 조직 경영의 방식이 다양하게 펼쳐진다. 『춘추』는 결국 역사적 사건이나 인물에 대한 간결한 문장을 통해 엄격하게 비평하는 춘추필법春秋筆法과 은미한 말 속에 큰 뜻을 담고 있는 미언대의微言大義를 극명하게 보여준다.

개념 용어 정리

* 다음에 제시한 용어나 개념의 의미를 확인하고, 일상생활의 교양 수준에서 어떻게 활용할 수 있는지, 실천 방안을 고민해 보자.

* 春秋:
* 元年:
* 會盟 :
* 國都:
* 正邪:
* 春秋筆法:

생각 넓히기

1. 『춘추』의 해설서 세 가지 『좌전』·『공양전』·『곡량전』을 찾아보고, 첫 대목과 마지막 대목을 비교하면서 그 특징을 서술해 보자.

2. 한국현대사의 여러 사건 중 하나를 골라, '춘추필법春秋筆法'으로 비판해 보자.
3. 지금까지 살아온 자신의 역사를 『춘추』와 같은 편년체로 간략하게 정리해 보자.

『춘추』이해에 도움이 될 만한 책

남기현. 『춘추공양전』. 서울: 자유문고, 2005.
동중서(신정근 옮김). 『춘추 역사해석학』. 서울: 태학사, 2006.
좌구명(신동준 옮김). 『춘추좌전』. 서울: 한길사, 2006.
좌구명(정태현 옮김). 『춘추좌씨전』. 서울: 전통문화연구회, 2007.
최종례. 『고사성어로 읽는 춘추좌전』. 서울: 현음사, 2004.

읽기자료

『춘추』의 해설서 『춘추번로春秋繁露』

춘추의 도는 하늘을 받들어 선왕을 본받는 일이다. 비록 훌륭한 솜씨를 가졌더라도 컴퍼스와 자로 다스리지 않으면 올바른 동그라미와 직각을 그리지 못한다. 비록 귀로 살피는 방법을 가졌더라도 악기로 연주해보지 않으면 음을 정하지 못한다. 비록 사물을 파악하는 능력을 가졌을지라도 선왕들의 경험을 살펴보지 않으면 천하를 평정하지 못한다.

그러기에 선왕들이 남긴 도는 천하의 컴퍼스와 자, 악기처럼 세상을 다스리는 법도에 해당한다. 따라서 성인은 하늘을 본받고 현인은 성인을 본받는 것이 바른 이치이다. 세상의 바른 이치를 얻으면 다스려지고 바른 이치를 잃으면 어지러워진다. 여기에서 다스림과 어지러움이 나누어진다.

들리는 바로는 세상에는 두 가지 길 밖에 없다. 성인들의 다스리는 형식이 다를지라도 그 원리는 동일하다. 그것은 옛날이나 지금이나 두루 통한다. 그러기에 선현들이 그 원리를 후세에 전달하는 것이다.

『춘추』에서는 세상일에 대해, 복고復古를 좋게 여기고 일상의 상식을 바꾸는 것을 책망한다. 그러기에 앞서간 성왕들을 본받으려고 한다. 그러나 오늘날 새로운 제왕이 제도를 개혁한다는 것은 그 도를 개혁하는 것이 아니고, 그 이치를 변혁시키는 것도 아니다. 하늘의 명을 받아서 성을 바꾸고 왕을 바꾸어서 전왕을 계승하지 않고 스스로 왕이 된다. 앞서간 왕을 계승하여 왕자가 된다는 것은 다른 것이 아니다. 하늘의 명을 받은 군주를 하늘이 크게 나타낼 뿐이다. 부모를 섬기는 자식이 부모의 의향을 이어가고, 군주를 섬기는 신하가 군주의 뜻을 본받는 것처럼, 하늘을 섬기는 일도 이와 같다.

제8장
사기史記

하늘의 도는 옳은 것인가
그른 것인가
天道, 是邪非邪
『史記』「伯夷列傳」

중국 역사의 모범 『사기』

『사기』는 한漢나라 때 사마천司馬遷이 지은 역사 기록이다. 한나라는 중국 최초의 통일 제국이던 진秦나라를 이어 다시 천하를 통일한 국가였다. 이 시기는 사회적으로 농업과 수공업, 상업이 번창하여 나라가 크게 부강하였다. 정치적으로도 중앙 집권적 행정 조직이 완성되어 안정적이었다. 『사기』는 바로 이런 시기에 이루어진 작업이다.

사마천의 자字는 자장子長이며, 하양河陽(지금의 섬서성 한성현의 남쪽)사람이다. 아버지 사마담司馬談은 학문이 깊고 넓은 학자로서 당시 태사공太史公이 되었다. 그의 집안은 대대로 사관史官의 직職을 물려받은 집안이었다. 태사공자서太史公自序에 의하면 사마천은 자신의 가문에 관하여 대단한 자부심을 가지고 있다. 그에 의하면, 기원전 9세기경부터 사마가司馬 집안은 주周왕실의 사관의 직을 세습한 것 같다. 중국의 사관은 왕실의 기록을 관장할 뿐 아니라 천문天文, 제사祭祀, 율력律曆까지도 관장한다. 사마씨 집안은 진晉(산

司 맡을 사
遷 옮길 천
河 물 하
陽 볕 양
律 법 율

龍 용 룡
城 성 성
經 날 경
遊 놀 유
屈 굽을 굴
原 근원 원

서성)을 거쳐 진秦(섬서성)으로 이주하여 여러 파로 분산되었지만, 진秦에 남은 사마가는 사마천의 직계 조상이었다. 자서自序에 따르면 그는 용문龍門에서 출생하였다고 하니, 지금의 섬서성陝西省 한성현韓城縣 출신임에 틀림없다. 그의 출생년도에는 두 가지 설이 있으나, 기원전 145년으로 추정된다. 명문가의 가정에서 태어난 사마천은 어릴 때부터 많은 책을 읽었고, 성인이 되기 이전에 이미 『좌전』이나 『국어』 등 깊이 있는 역사책을 섭렵했다. 19세를 전후하여 경학대사經學大師인 동중서董仲舒, 공안국孔安國을 스승으로 삼고 『고문상서』를 비롯하여 여러 경전을 학습했다고 전한다.

20세가 되던 해에 사마천은 장강長江 남북에 걸친 대여행의 길을 떠났다. 그는 오늘날의 절강浙江, 호남湖南, 산동山東, 하북河北 등 여러 지방을 여행하였다. 2, 3년에 걸친 여행을 마치고 장안으로 돌아온 후, 사마천은 낭중郎中의 벼슬을 얻었는데, 그의 나이 22~23세 무렵이었다. 수년 뒤 그는 이전에 답사하지 못한 더 넓은 지역을 답사하게 된다. 사천泗川을 거쳐 서남이西南夷라 일컬어지는 이민족의 거주지인 광동廣東, 광서廣西, 귀주貴州, 곤명昆明 등을 둘러보았는데, 이때 그의 나이 36세였다.

사마천은 이러한 자신의 천하주유天下周遊에 대해 『사기』의 각권 말미에 보고 경험한 내용을 기록하고 있다. 특히 공자의 고향이기도 한 곡부曲阜의 공자 사당을 방문했을 때, 공자의 모습을 생각하면서 발길이 떨어지지 않았다고 했고, 무왕 밑에서 녹을 먹지 않고 수양산에 들어가 굶어 죽은 백이伯夷, 숙제叔齊의 유적도 직접 찾아보았고, 남쪽으로는 초楚나라 회왕懷王 때에 부정한 신하의 참소를 받고 끝내 멱라수에 투신자살한 굴원屈原의 유적을 찾은 그는 눈물을 흘리기도 했다. 북쪽으로는 진秦나라에서 구축한 만리장성의 장대한 광경을 목도하고, 그 공사에 투입된 농민들의 고통을 생각했으며, 장성 축조를 지휘한 몽염 장군이 진시황제의 죽음과 운명을 같이 하지 않으면 안 되었던 비극을 상기하고 있다. 한고조漢高

祖의 장군으로 활약한 한신韓信의 고향을 찾았을 때에는 한신이 가난에 쪼들리면서도 모친상을 당하자 훌륭한 분묘를 만들어 매장했다는 이야기를 기술하고 그의 비범한 인물됨을 상상하기도 하였다.

사마천은 처음부터 역사를 저술하려는 목적을 가지고 있지는 않았다. 그러나 인간의 역사적 운명에 깊은 관심을 가지고 있었다. 문헌을 통한 연구는 물론 각지를 답사함으로써 인정과 풍속, 지리를 예리하게 관찰하였다. 교통이 극도로 불편하던 당시에 이처럼 두 번씩이나 넓은 지역을 답사한다는 것은 보통 일이 아니다. 답사에 의한 견문은 훗날 그가 『사기』를 편찬하는데 기본 바탕이 되었음에 분명하다.

그런데, 그가 긴 여행에서 돌아오던 해, 원봉元封 원년(기원전 110)에 뜻하지도 않던 불행한 일이 발생했다. 부친 사마담의 죽음이다. 그는 당시 태사령太史令으로 효무제孝武帝가 산동성山東省 태산泰山에 올라 봉선封禪 의식을 단행하기로 하였을 때, 참례하지 못한 실망감 때문에 운명한 것이었다. 천문, 제사의 직을 관장하는 태사령이 봉선의 대의大儀에 참가치 못한 일은 큰일임에 틀림없었고, 죽을 정도로 발분한 것도 당연하다. 어쨌든 생명이 다해 가는 그는 아들 사마천을 불렀다. 그리고 간곡히 당부했다. 자기가 못다한 『춘추春秋』를 이어 역사서를 저술하라는 유언. 이 유언으로 사마천은 『사기』 집필에 대한 각오를 새롭게 한다.

부친이 죽은 지 3년 뒤, 그는 아버지의 뒤를 이어 태사령太史令이 된다. 이로써 궁중에 보관되어 있던 사관들의 기록을 비롯하여 많은 문헌을 자유롭게 열람하기 시작한다. 그로부터 4년 뒤 태시太始 원년(기원전 104), 그의 나이 40대 초반에 『사기』의 찬술이 시작되었다. 그러나 뜻하지 않은 두 번째 불행이 그를 찾아 왔다. 이른바 '이릉李陵의 화禍'가 그것이다. 사마천은 대흉노對匈奴 전쟁에서 패한 장군 이릉을 변호했다. 그러나 그것은 궁형宮刑이라는 엄벌로

韓 나라 한
信 믿을 신
泰 클 태
對 대답할 대
形 형벌 형

託 부탁할 탁
孝 효도 효
通 통할 통
武 굳셀 무
列 벌릴 열
傳 전할 전

돌아왔다. 이때가 40대 후반이다. 물론 2년 뒤에 사면은 되었다. 하지만 궁형으로 인한 불구의 몸, 그 굴욕을 누가 알아줄 것인가!

사마천은 과거 자신과 같은 처지에 있었던 수많은 사람들을 생각했다. 그것은 곧 공자孔子의 『춘추』를 이어 받아 참다운 역사를 기록해야 하는 분노의 유탁遺託이었다. 이 모든 것이 자신의 '궁형宮刑의 분노'와 일체가 되어 『사기』 저작의 원동력이 되었다. 이후 사마천은 『사기』의 저술에 전념하였고, 결국 그의 나이 50대 후반 무렵 총 52만6천5백자로 이루어진 『태사공서太史公書』 130권을 완성하였다. 그리고 효무제孝武帝가 죽은 후 얼마 안 되어, 60세 전후의 나이에 사망한 것으로 추정된다.

『사기史記』는 중국 역사상 가장 훌륭한 통사通史로 한漢 무제武帝 이전의 중국 고대사에 대한 내용을 담고 있다. 『사기』는 처음 『태사공서太史公書』라 불리어지다가 위魏나라에 와서 『사기』라 약칭되었다. 사마천이 살던 시기에는 역사歷史라는 용어는 없었다. 사史라는 말은 있었지만, 주로 사관史官 즉 기록을 주관하는 관리를 뜻했다. 따라서 『사기』는 '기록관의 기록'이라는 뜻이 된다.

이 책은 중국의 황제黃帝시대로부터 사마천이 살던 당시까지의 2,500년간의 역사를 기술한 기전체紀傳體의 사서史書로 「본기本紀」 12권, 「세가世家」 30권, 「열전列傳」 70권, 「서書」 8권, 「표表」 10권 등 총 130권으로 이루어져 있다. 사마천은 이 다섯 형식에 따라 「본기」에는 천하의 역사를 움직여 가던 자인 황제들의 전기와 연대기를, 「세가」는 그들을 둘러싸고 전개되는 여러 제후들의 내력을 적었다. 그리고 이 양자 사이에서 역사의 흐름에 참여한 인물들의 전기를 「열전」에 기록하고, 인간 사회의 밑바닥에 깔려 있는 복잡한 문제를 「서」에서 논하고 있다. 그리고 「표」는 연표, 즉 연대표로 다섯 단계의 역사 발전을 보여주고 각각의 특징을 설명한 것인데, 그 서序는 훌륭한 문장으로 되어 있다. 이 다섯 가지 분류 형식은 사마천의 독창적인 기록 방식으로 사학사史學史에서 빛나는 업적이다.

우리는 『사기』를 단순한 역사서로만 보아서는 그 진정한 가치를 알 수 없다. 『사기』는 인간이 어떻게 살아 왔느냐 라는 문제를 역사 서술의 형식을 빌려 기술하면서, 인간이 어떠한 존재인가를 밝히고, 나아가 사람은 어떻게 살아야 하는가의 문제를 다룬 인간 탐구의 기록이다.

1) 『논어』「공야장」, 「술이」에 나옴.
2) 軼詩(일시):『시경』에 수록되어 있지 않아서 "軼詩"라고 함
3) "일시"에 나오는 말과 『논어』에 나오는 말이 일치하지 않아서 하는 말. 즉 "일시"에는 원망하는 뜻이 느껴짐
4) 孤竹君(고죽군): 은殷, 주周 시대에 있었던 제후국 중의 하나로 군왕은 흑태씨黑胎氏. 지금의 河北省하북성 盧龍縣노용현 동쪽.
5) 中子(중자): 중中은 "중仲"과 통함. 형제간의 서열은 흔히 伯백, 仲중, 叔숙, 季계이므로 백은 큰아들, 중은 둘째 아들, 숙은 셋째 아들을 지칭.
6) 西伯昌(서백창): 주周나라 문왕文王 희창姬昌.
7) 木主(목주): 신주(神主). 신주(神主)로 모시는 패.
8) 太公(태공): 태공망太公望, 즉 주무왕周武王의 군사軍師 呂尙(여상).
9) 首陽山(수양산): 지금의 山西省산서성 永濟縣영제현 남쪽에 있는 雷首山뇌수산

원문 맛보기

孔子曰, 伯夷叔齊, 不念舊惡, 怨是用希. 求仁得仁, 又何怨乎.[1] 余悲伯夷之意, 睹軼詩[2] 可異焉.[3]

공자께서 말씀하셨다.

"백이와 숙제는 과거의 원한을 기억하고 있지 않아 남을 원망하는 일은 거의 드물었다." 그리고 "어진 것을 구하면 어진 것은 얻어지는데 또 무엇을 원망하였겠는가?"

그러나 나는 백이의 심경을 비통한 것으로 보았고, 『시경』에서 빠진 시를 읽어보고 공자의 말에 이상한 점이 있음을 느꼈다.

생각의 창

경서經書의 기록이 믿을 만한 것이지만 완벽하지 않을 것이라는 사마천의 의문이 제기된 부분이다. 공자는 백이와 숙제는 원한을 품지 않았다고 하였는데, 사마천이 보기에는 원한을 품었던 것으로 느꼈다.

其傳曰, 伯夷叔齊, 孤竹君[4] 之二子也. 父欲立叔齊, 及父卒, 叔齊讓伯夷. 伯夷曰, 父命也. 遂逃去. 叔齊亦不肯立而逃之. 國人立其中子.[5] 於是伯夷叔齊聞西伯昌[6] 善養老, 盍往歸焉. 及至, 西伯卒, 武王載木主,[7] 號爲文王, 東伐紂. 伯夷叔齊叩馬而諫曰, 父死不葬, 爰及干戈, 可謂孝乎. 以臣弑君, 可謂仁乎. 左右欲兵之. 太公[8] 曰, 此義人也, 扶而去之. 武王已平亂, 天下宗周, 而伯夷叔齊恥之, 義不食周粟, 隱於首陽山,[9] 采薇而食之. 及餓且死, 作歌, 其辭曰, 登彼西山兮, 采其薇矣. 以暴易暴兮, 不知其非矣. 神農虞夏忽焉沒兮, 我安適歸矣. 于嗟徂兮, 命之衰矣! 遂餓死於首陽山. 由此觀之, 怨耶非耶.

그의 전기에 이르기를, 백이와 숙제는 고죽국 군주의 두 아들이다. 아버지가 아우인 숙제를 후계자로 세우려 하였으나, 아버지가 죽자 숙제는 백이에게 왕위를 양보하려고 했다. 백이가 말하기를, "네가 왕위에 오르는 것은 아버지의 명령이다."라고 하고 마침내 달아나버렸다. 숙제도 왕위에 오르려하지 않고 달아났다. 나라 사람들이 둘째 아들을 군주로 세웠다. 이때 백이와 숙제는 서백(주나라 문왕)이 노인을 잘 봉양한다는 말을 듣고 거기에 가서 의지하려고 했다. 거기에 이르고 보니, 서백은 이미 죽었고, 아들 무왕이 아버지의 목주(신위)를 수레에 싣고 문왕이라 칭하며 동쪽으로 은나라 주왕紂王을 치려고 했다. 백이와 숙제가 (무왕의) 말고삐를 붙들고 간하기를, "아버지가 돌아가셨는데 장례도 지내지 않고 전쟁을 일으키려하니 효도라고 할 수 있겠습니까? 신하로써 군주를 죽이려고 하니 인의라고 할 수 있겠습니까?" 라고 했다. 그러자 무왕의 좌우에 있던 신하들이 그들의 목을 치려고 하였다. 태공 여상呂尙이 말하기를, "이들은 의로운 사람이다."라 하고 부축하여 데려가게 했다.

무왕이 주왕의 난폭함을 평정하자 천하의 사람들은 주나라를 받들었다. 그러나 백이와 숙제는 이것을 부끄럽게 여겨 도의상 주나라의 곡식을 먹지 않아야 된다고 생각하고 수양산에 숨어서 고사리를 캐어 먹다가 굶어죽기에 이르렀다. 이때 노래를 지었는데, 그 노래에 이르기를, "저 서산에 올라서 고사리를 캤도다. 포악한 신하로써 포악한 군주를 바꾸었으니 그 잘못을 모르는구나. 신농씨와 우虞, 하夏의 시대는 홀연히 사라져 버렸으니 우리는 어디로 돌아간단 말인가? 아아! 목숨이 다했구나. 쇠잔한 우리의 운명이여." 라고 하고 마침내 수양산에서 굶어 죽었다. 이것으로 보아 두 사람의 마음에 정말 원망이 없었을까?

생각의 창

무왕武王을 찾아간 간 두 사람은 결국 무왕의 행동에 불만을 품고 수양산으로 가 고사리를 캐 먹다가 굶어 죽었다. 이러한 이들의 행동과 죽기 전에 지은 시를 통해 볼 때, '남을 원망하지 않았다'고 할 수 있을까? 이것이 사마천은 솔직한 의혹이었다.

或曰, 天道無親, 常與善人, 若伯夷叔齊, 可謂善人者非邪. 積仁絜行如此而餓死. 且七十子之徒 仲尼獨薦顏淵[10] 爲好學. 然回也屢空, 糟糠不厭, 而卒蚤夭. 天下之報施善人, 其何如哉. 盜蹠[11] 日殺人不辜, 肝人之肉, 暴戾恣睢, 聚黨數千人, 橫行天下, 竟以壽終.[12] 是遵何德哉. 此其尤大彰明較著者也. 若至近世, 操行不軌,[13] 專犯忌諱, 而終身逸樂, 富厚累世不絕. 或擇地而蹈之, 時然後出言, 行不由徑,[14] 非公正不發憤,[15] 而遇禍災者, 不可勝數也. 余甚惑焉, 儻所爲天道, 是邪非邪. (伯夷列傳)

어떤 이는 말하였다.

"하늘의 도는 공평무사해서 항상 착한 사람을 돕는다."

그렇다면 저 백이와 숙제 같은 사람은 착한 사람이라고 말할 수 있는가? 없는가? 그들은 이와 같이 어짊을 쌓고 깨끗하게 행동했는데 굶어서 죽었다.

또한 공자의 제자는 70명이었는데, 중니(孔子)는 홀로 안연顏淵

10) 顏淵(안연): 이름은 회回. 춘추시대 말기 노魯나라 사람으로 공자의 뛰어난 제자로 32세에 요절함.

11) 盜蹠(도척): 춘추시대 말기 일시를 횡행하였던 큰 도적.

12) 壽終(수종): 목숨이 다하여 끝난다는 것은 앞의 백이, 숙제와 안연의 요절夭折과는 달리 늙어 죽었다는 뜻.

13) 不軌(불궤): 기본 도리나 법에 순응하지 않고 거꾸로 함.

14) 行不由經(행불유경): "經"은 작은 길을 말하나, 여기에서는 사람의 행실에서 비뚤어지거나 잘못된 길(邪道)까지도 포함

15) 發憤(발분): 發奮(발분)의 뜻으로써 가라앉은 마음과 힘을 떨쳐 일으킨다는 奮發(분발)

이 학문을 좋아한다고 추천했다. 그러나 회(안연)는 자주 양식이 떨어져, 지게미나 쌀겨 같은 거친 음식도 배불리 먹지 못하다가 일찍 죽었다. "하늘은 착한 사람에게 보답하여 베푼다"는 말은 어찌 된 것인가? 도척(극악무도한 도적)은 날마다 무고한 사람을 죽이고 사람의 간을 꺼내 먹는 등, 포악 방자하였으며, 수천 명의 무리를 모아 천하를 횡행하였으나, 끝내 천수를 다 누리고 죽었다. 이것은 무슨 덕행에 따른 것인가?

이런 예는 가장 현저하게 드러난 것이라 하겠지만, 요즈음에 이르러서도 하는 짓이 도리를 벗어나 사람들이 꺼리고 싫어하는 악행을 범하면서도, 그런 사람이 종신토록 즐기며 부유함이 자손 대대로 끊어지지 않기도 한다. 어떤 사람은 정당한 땅을 골라서 딛고, 때가 된 연후에 말을 하며, 큰 길을 버리고 지름길로 행하지 않으며 공명정대하지 않으면 분발하지 않는다. 그런데도 재앙을 만나는 사람은 헤아릴 수 없이 많다. 그래서 나는 매우 의심스럽다. 이른바 하늘의 도라는 것이 옳은 것인지 그른 것인지?

생각의 창

하늘의 도는 선한 사람의 편에 선다고 하는데 실제 사례를 보면 그렇지 않은 경우도 많다. 백이, 숙제, 안연 같은 이는 착한 사람이라고 할 수 있는데도, 두 사람은 굶어 죽었고 안연도 굶주리다 요절하였다. 반면에 도척 같이 나쁜 놈은 천수를 다 누리고 살았다. 사마천은 실제 사례를 통해서 천도天道가 있는지를 의심하고 있다.

1) 穎上(영상): 지금의 안징성安徽省 영상현穎上縣.
2) 鮑叔牙(포숙아): 제齊나라의 대부大夫.
3) 不以爲言(불이위언): 따지지 않다.
4) 公子(공자): 제후지자諸侯之子의 존칭.
5) 小白(소백): 훗날의 재환공齊桓公(재위 기원전 685~643)을 말함.
6) 公子糾(공자규): 소백小白의 형兄.
7) 九合諸侯(구합제후): 제후들이 아홉 차례 회맹會盟함.

管仲夷吾者, 潁上人也.[1] 少時常與鮑叔牙[2] 遊, 鮑叔知其賢. 管仲貧困, 常欺鮑叔, 鮑叔終善遇之, 不以爲言.[3] 已而鮑叔事齊公子小白,[4][5] 管仲事公子糾.[6] 及小白立爲桓公, 公子糾死, 管仲囚焉. 鮑叔遂進管仲. 管仲旣用, 任政於齊, 齊桓公以霸, 九合諸侯,[7] 一匡天下, 管仲之謀也.

관중 이오라는 사람은 영수가의 사람이다. 젊었을 때 늘 포숙아와 교유하여 포숙은 그가 현명함을 알고 있었다. 관중은 집안이 가난하여 늘 포숙을 속였지만, 포숙은 끝까지 그를 잘 대하였고, 원망하는 말을 하지 않았다. 그 후 포숙은 제나라의 공자 소백을 섬기고, 관중은 공자 규를 섬겼다. 소백이 제위에 올라 환공이 되자, 공자 규는 죽고, 관중은 사로 잡혔다. 포숙은 마침내 환공에게 관중을 추천하였다. 관중이 등용되자 제나라의 국정을 맡아 제나라 환공은 패자가 되었고 제후를 아홉 번 모아, 천하를 크게 바로 잡으니 이는 모두 관중의 지모智謀였다.

생각의 창

본문에서 포숙이 관중을 어떻게 이해하고 대해 주었는가를 관중의 말을 빌려 밝히고 있다. 어린 시절에 포숙은 관중의 처지를 잘 헤아렸을 뿐만 아니라 그가 재능을 발휘할 수 있게 도와주었다. 친구가 어떠한 위기 상황에 닥쳐도 그를 믿어주었고 심지어 그를 추천하고 그 아래에서 일을 할 수 있었던 것을 보면 포숙은 관중을 자기 자신처럼 이해하였던 것이다.

管仲曰, 吾始困 時,[8] 嘗與鮑叔賈,[9] 分財利多自與, 鮑叔不以我爲貪, 知我貧也. 吾嘗爲鮑叔謀事而更窮困, 鮑叔不以我爲愚, 知時有利不利也. 吾嘗三仕三見逐於君, 鮑叔不以我爲不肖, 知我不遭時也. 吾嘗三戰三走, 鮑叔不以我爲怯, 知我有老母也. 公子糾敗, 召忽[10] 死之,吾幽囚[11] 受辱, 鮑叔不以我爲無恥, 知我不羞小節而恥功名不顯于天下也. 生我者父母, 知我者鮑子也. 鮑叔旣進管仲, 以身下之. 子孫世祿於齊, 有封邑者十餘世, 常爲名大夫. 天下不多[12]管仲之賢而多鮑叔能知人也.(管晏列傳)

8) 困(곤): 가난하다.

9) 賈(고): 장사하다. 한 장소에서만 물건을 파는 것을 고賈라하고, 장소를 옮겨 다니며 파는 것은 상商이라 함.

10) 召忽(소홀): 관중과 같이 공자 규를 섬긴 사람으로 공자 규가 죽자 자살함.

11) 幽囚(유수): 구금당하다.

12) 不多(부다): 칭찬하지 않다.

관중이 말하였다.

"내가 어릴적 가난했을 때, 포숙과 함께 장사를 했는데, 이익을 나누면서 내가 많이 가졌으나 포숙은 내가 탐욕 하다고 여기지 않았다. 그것은 내가 가난하다는 것을 이해했기 때문이었다. 나는 포숙을 위하여 어떤 일을 꾀하였다가 더욱 곤궁하게 하였지만, 포숙은 나를 어리석다고 하지 않았다. 이는 때가 유리할 경우와 불리할 경우가 있다는 것을 이해했기 때문이었다. 내가 일찍이 세 번 벼슬을 나갔다가 임금에게 세 번씩이나 쫓겨났지만, 포숙은 내가 능력이 없다고 여기지 않았다. 이는 내가 때를 못 만났다고 이해해 주었기 때문이다. 내가 일찍이 세 번 전쟁에 나가 세 번 도망하였지만, 포숙은 나를 비겁하다고 여기지 않았다. 이는 나에게 노모가 있다는 것을 이해했기 때문이었다. 공자 규가 싸움에 지고 소홀은 그로 인해 죽었을 때, 나는 사로잡혀 굴욕을 당하였는데도, 포숙은 나를 염치없다고 여기지 않았다. 이는 내가 작은 과실을 부끄럽게 여기지 않고, 천하에 공명을 드러내지 못함을 부끄럽게 여긴다는 것을 이해했기 때문이었다. 나를 낳은 사람은 부모지만 나를 이해한 사람은 포숙이다."

포숙은 관중을 추천하고, 자신은 관중 아래에 있었다. 포숙의 자손은 대대로 제나라의 녹을 받았으며 봉읍을 소유하기를 십 여대에 걸쳤고, 늘 저명한 대부들이었다. 때문에 세상에는 관중의 현명함을 칭찬한 사람은 많지 않았지만, 포숙이 인재를 잘 알아본 것을 칭찬한 사람은 많았다.

생각의 창

관포지교管鮑之交라는 말은 우리에게 친숙한 관중과 포숙에 대한 이야기이다. 친구를 추천하고 스스로 그 아래에서 일하는 예는 오늘날에는 보기 드물 것이다. 포숙은 관중의 삶속에서 은인과 같은 존재이다. 요즘 이 시대에 과연 포숙과 같은 행동을 할 수 있는 친구가 얼마나 될까? 우리 주변에도 포숙과 같이 친구를 이해하고 대하는 사람을 볼 수 있는데 관중과 같이 자신을 진정으로 이해해 준 친구의 충정을 아는 것도 중요하다. 관중이 자신을 알아주지 않았다 해도 포숙은 섭섭해 하지는 않았을 것이지만 관중과 포숙의 경우에는 서로를 이해하고 인정해준 이상적인 벗이었다고 할 수 있다.

項王軍壁[1]垓下,[2] 兵少食盡, 漢軍及諸侯兵圍之數重. 夜聞漢軍四面皆楚歌,[3] 項王乃大驚曰: 漢皆已得楚乎. 是何楚人之多也. 項王則夜起, 飮帳中. 有美人名虞,[4] 常幸從, 駿馬名騅, 常騎之. 於是項王乃悲歌忼慨, 自爲詩曰: 力拔山兮氣蓋世, 時不利兮騅不逝. 騅不逝兮可奈何, 虞兮虞兮奈若[5]何. 歌數闋,[6] 美人和之. 項王泣數行下, 左右皆泣, 莫能仰視.

항왕의 군대는 해하에서 주둔하고 있었는데, 군대는 적고 식량

1) 壁(벽): 주둔하다.
2) 垓下(해하): 지금의 안휘성安徽省 영벽현靈壁縣 부근.
3) 四面皆楚歌(사면개초가): 항우項羽의 휘하에 있던 구강병九江兵이 한漢나라에 투항投降하여 초楚나라의 노래를 불렀다. 사방이 적들로 둘러싸여 孤立無援(고립무원)의 상황에 처했음을 뜻함.
4) 虞(우): 우희虞姬, 우미인虞美人.
5) 若(약): 너, 그대의 뜻.
6) 闋(결): 노래 한 곡

은 떨어지고, 한나라 군대와 제후의 군대가 몇 겹으로 포위하였다. 밤에 한나라 군사들이 사방에서 모두 초나라의 노래를 부르는 것을 듣고 항왕이 크게 놀라 말하였다. "벌써 초나라를 다 차지했다는 말인가? 어찌하여 이렇게도 초나라 사람이 많은가!" 항왕은 밤중인데도 일어나 군막 안에서 술을 마셨다. 우라고 하는 미인이 있었는데, 늘 총애를 받으며 따랐고, 언제나 추라고 하는 준마를 타고 다녔다. 이때에 항왕은 비분강개하여 스스로 시를 지어 읊었다.

"힘은 산을 뽑고 기운은 세상을 덮을 만한데, 시운이 불리하니 추도 달리지 못하네. 추도 달리지 못하니 정말 어이하랴. 우야! 우야! 너를 어찌하면 좋을까?"

노래를 몇 차례 부르자 미인 우가 화창하였다. 항왕이 눈물을 흘려 몇 줄기 떨어지자 좌우의 근신들이 모두 울며 아무도 고개 들어 그를 쳐다보지 못했다.

생각의 창

원래 본기本紀는 제왕의 치적을 연대기적으로 서술한 항목이지만, 항우본기는 열전의 성격과 다름없는 개인에 관한 기술을 엿볼 수 있다. 정열적이고 직선적인 성격의 항우는 평범한 사람들이 갖기 쉬운 인간적 약점을 가졌고, 이 인간적 약점 때문에 패한 사람이었다. 주위를 포위당한 상태에서 그가 사랑했던 준마와 우 여인을 염려하는 항우의 모습에서 보통사람에게도 통하는 따뜻한 인간미가 느껴진다.

於是項王乃上馬騎, 麾下壯士騎從者八百餘人,[7] 直夜潰圍南出,[8] 馳走. 平明,[9] 漢軍乃覺之, 令騎將灌嬰以五千騎追之.[10] 項王渡淮, 騎能屬者百餘人耳. 項王至陰陵,[11] 迷失道, 問一田父, 田父紿[12]曰: 左. 左, 乃

7) 麾下(휘하): 부하.
8) 直夜(치야): 그날 밤.
9) 平明(평명): 黎明(여명)과 같음.
10) 灌嬰(관영): 유방劉邦을 따라 천하평정에 공을 세웠고, 문제文帝때 승상이 됨.
11) 陰陵(음릉): 지금의 안휘성安徽省 정원현定遠縣 부근.
12) 紿(태): 속이다.

陷大澤中. 以故漢追及之. 項王乃復引兵而東, 至東城,[13] 乃有二十八騎, 漢騎追者數千人. 項王自度不得脫, 謂其騎曰: 吾起兵至今八歲矣. 身七十餘戰, 所當者破, 所擊者服, 未嘗敗北, 遂霸有天下. 然今卒困於此, 此天之亡我, 非戰之罪也 (項羽本紀).

13) 東城(동성): 지금의 안휘성安徽省 정원현定遠縣 동남쪽.

이때에 항왕은 곧 말에 올라 달려 나가니, 부하 장수 중 말을 타고 따르는 자가 8백여 명이었다. 그날 밤에 포위를 뚫고 남쪽으로 말을 달려 탈출했다. 날이 밝아서야 한나라의 군사들이 항왕의 탈출을 비로소 알았고, 기장인 관영을 시켜서 5천의 기병으로 항왕을 추격하게 하였다. 항왕이 회수를 건넜을 때 뒤따라 말을 달릴 수 있었던 자는 1백여 명뿐이었다. 항왕이 음릉에 이르러 헤매다가 길을 잃어, 한 농부에게 물으니, 농부가 거짓으로 말하였다.

"왼쪽으로 가시오."

왼쪽으로 가니 곧 늪지대에 빠지고 말았다. 이 때문에 한나라 군대는 항왕을 따라 올 수 있었다. 항왕은 이에 다시 군사를 이끌고 동쪽으로 갔다. 동성에 이르니 기병은 겨우 28명뿐이었다. 한의 기병으로서 추격하는 자는 수천 명이었다. 항왕이 스스로 벗어날 수 없음을 헤아리고, 뒤따르는 기병에게 말하였다.

"나는 군대를 일으켜 오늘에 이르기까지 8년이 지났다. 내 몸소 70여 차례 전투를 하여 대적하는 자를 격파하고, 격파된 자는 복종하여, 일찍이 패배한 적이 없었으니, 마침내 패자로서 천하를 소유하였다. 그러나 지금 끝내 여기서 곤궁에 빠지니, 이는 하늘이 나를 망하게 하는 것이지 내가 싸움을 잘못한 탓이 아니니다."

생각의 창

사마천이 항우의 최후 장면을 묘사한 부분인데, 항우 특유의 성격이 드러나고 있다. 절대 절명의 궁지에서도 "내가 싸움을 잘못해서 진 것이 아니라 하늘이 나를 망하게 하는 것이다!" 라고 표현하는 모습과, 자기 자신감만 믿고 이전의 부하들을 잘 다스리지 못해 결국 한漢나라로 떠나간 병사들에게 쫓기면서 결국 "너는 내 부하였던 자가 아니냐? 이왕이면 너에게 덕을 입혀주마." 라고 하며 자결을 하는 장면 등에서 사마천은 항우가 패배하게 된 근본 원인을 시사하고 있다.

개념 용어 정리

* 다음에 제시한 용어나 개념의 의미를 확인하고, 일상생활의 교양 수준에서 어떻게 활용할 수 있는지, 실천 방안을 고민해 보자.

* 史官 :
* 史觀 :
* 天道:
* 管鮑之交:
* 四面楚歌:
* 力拔山氣蓋世 時不利騅不逝:

생각 넓히기

1. 『사기』의 저자 사마천은 '궁형' 이라는 중형을 받은 후 더욱 투철한 역사의식으로 저술에 몰두한 것으로 추측된다. 이처럼 인간에게 닥친 극한 상황이나 시련이 삶에 미치는 영향에 대해 서술해 보자.
2. 『사기』는 「본기」「세가」「열전」 등을 통해 다양한 인간의 삶

을 조명하고 있다. 자신의 주변 인물이나 존경하는 인물 중 하나의 모델을 선택하여 사마천의 역사 서술 방식처럼 기술해 보자.

3. 『사기』를 통해 어떤 역사적 교훈이나 역사의식을 느낄 수 있는지 말해 보자.

『사기』 이해에 도움이 될 만한 책

김영수. 『역사의 등불 사마천, 피로 쓴 사기』. 서울: 창해, 2004.
김원중 옮김. 『사기열전』. 서울: 을유문화사, 2000.
사마천(정범진 외 옮김). 『사기』. 서울: 까치, 1999.
이성규. 『사마천 사기』. 서울: 서울대출판부, 2007.
진기환 역. 『사기강독』. 서울: 명문당, 2001.

읽기자료

『사기』에 대한 역대 학자들의 평가

○ 동한東漢의 역사학자 반고班固

유향劉向과 양웅楊雄의 저술을 비롯하여 여러 서적들 모두에서 하나같이 사마천은 훌륭한 역사가의 재능을 지녔다고 칭송하면서, 그의 문장은 사리가 분명하고 체제가 잘 잡혀 있으면서도 겉치레가 없고, 질박하면서도 비속하지 않음에 탄복했다고 한다. 문장은 곧고 그 핵심을 찔러 헛되이 칭찬하지 않았으며 악을 숨기지 않았다. 그래서 실록實錄이라 한다.

○ 당唐의 역사학자 유지기劉知幾

그 말이 두루두루 통하니, 진실로 저술가 중에 깊은 못, 넓은 바다와 같은 존재다.

○ 당唐의 역사학자 사마정司馬貞

경전經典을 꿰뚫었고, 고금古今을 내리훑어 이리저리 엮어 바로잡았다.

○ 남송南宋의 역사학자 정초鄭樵

백百 세대世代가 된다고 해도 사관史官은 그 법을 바꿀 수 없고 학자는 그 책을 버릴 수 없다. 육경六經이 나온 이후로 이 책이 있었을 따름이다.

○ 명明의 학자 귀유광歸有光

『사기史記』산천을 유람한 기록 같다. 어떤 곳의 경치를 말하면서

앞에는 어떤 산이 있고 뒤에는 어떤 물이 있다는 식으로 말하는데, 이는 곧 대가의 글이다. 다른 사람의 글은 밋밋하거나 작은 그림을 보는 듯한데, 사마천司馬遷의 문장은 '장강만리도長江萬里圖' 같다.

○ 청淸 고증학자 고염무顧炎武

옛 사람들 중 역사를 기록하면서 논단論斷에 의지하지 않고 사건을 서술하면서 그 뜻을 드러내는 일은 오직 태사공太史公만이 할 수 있었다.

○ 청淸 평론가 조익趙翼

사마천司馬遷으로부터 체제가 정해져, 역대로 사서史書를 저술하는 사람치고 그 범위를 벗어나는 법이 없는 사가史家의 절대 법칙이 되었다.

○ 근대 문학가 노신魯迅

사가史家의 절창絕唱이며, 가락 없는 『이소離騷』다.

노신魯迅 이 『한문학사대강漢文學史大綱』에서 한 말로 '절絕'은 극치라는 뜻으로 전무후무하다는 의미이다. 『사기史記』는 중국 사서史書의 비조鼻祖로 독보적인 경지에 달하여 그 이전에도 이후에도 이를 능가할 수 없다는 지고의 극찬이다.

제4부

철학과 삶

제9장
대학大學

물건에는 근본과 말단이 있고
일에는 마침과 시작이 있으니
먼저하고 나중에 할 것을 알면
도에 가까우리라

物有本末 事有終始 知所先後 則近道矣
『大學』「經1章」

유학의 기본 경전 『대학』

『대학』은 유가의 대표적 경전으로 『논어論語』 『맹자孟子』 『중용中庸』과 함께 사서四書로 불린다. 『대학』은 본래 『예기禮記』 49편의 하나였다. 송대宋代에 이르러 사마광司馬光이 『대학광의大學廣義』를 저술했고, 이정二程(정이程頤 · 정호程顥)을 거쳐 주자朱子에 이르러 사서로 정립되면서 유가의 기본 전적으로 새로운 지위를 굳히게 되었다.

『대학』의 작자에 대해서는 이설이 많다. 주자에 의하면 『대학』은 경1장經一章 · 전10장傳十章으로 나눌 수 있는데, 경1장은 공자孔子의 말을 그의 제자인 증자曾子가 기록했고, 전10장은 증자曾子의 말을 그 문인이 기록한 것이라고 한다.

『대학』의 명칭에 대하여는 두 가지 설이 있다. 하나는 교육기관으로 볼 수 있고, 다른 하나는 교육의 대상 측면에서 본 것이다. 교육기관으로 보는 경우 오늘날의 대학과 같이 국가의 최고 교육기관으로 삼강령 팔조목을 익히는 것이고, 교육의 대상 측면에서는

宋 송나라 송
程 단위 정
朱 붉을 주
曾 일찍 증

어른이 되기 위한 학문, 어른에게 필요한 학문으로 '대인지학大人之學'이다.

綱 벼리 강
領 옷깃 령
條 가지 조
修 닦을 수
身 몸 신

『대학』은 유학의 경전 가운데 가장 체계가 잘 갖추어진 저작이다. 유학의 학문을 3강령三綱領과 8조목八條目으로 정리하여 유학의 기본 구조를 밝히고 있다. 3강령은 명명덕明明德·친민親(新)民·지어지선止於至善이고 8조목은 격물格物·치지致知·성의誠意·정심正心·수신修身·제가齊家·치국治國·평천하平天下이다.

유학의 기본 윤리는 개인에서 출발하여 가문, 국가 사회로 확충되는 특징을 지닌다. 즉 부모에게 효도하고, 자식을 사랑하며, 형제간에 우애를 지키고, 나아가 국가 사회의 올바른 인간관계를 윤리적 조화로 만들어 낸다는 것이다. 이는 모든 사람 각자가 인격수양을 기초로 하기 때문에, 수신修身이 중요하다. 수신은 격물에서 치지, 성의, 정심에서 이루어지고, 그 수신을 근거로 제가, 치국, 평천하의 단계적인 공부 과정이 제시된다. 이것이 이른 바 "수기치인修己治人의 도道"이다. 이것을 도표로 보면 다음과 같다.

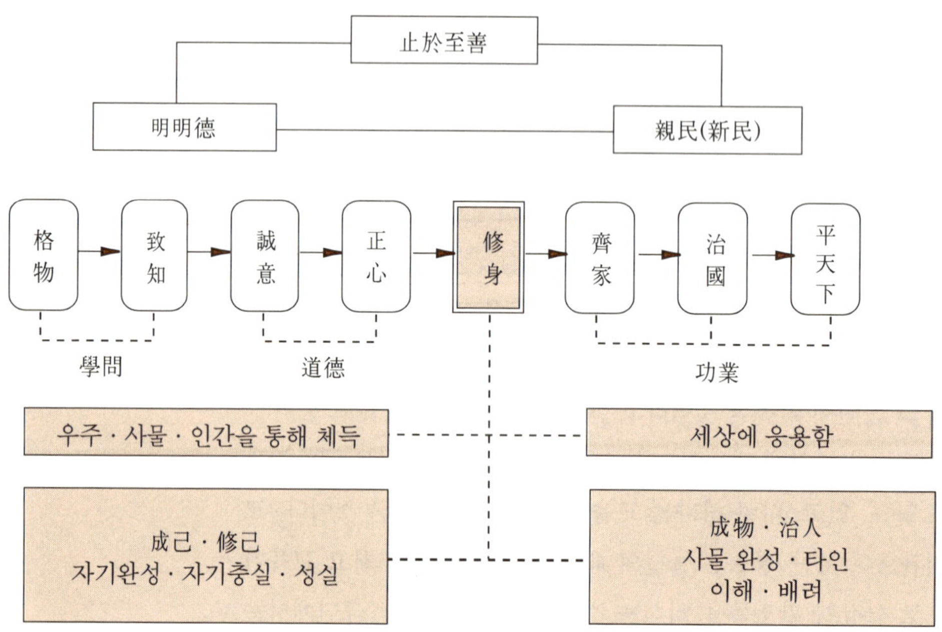

원문 맛보기

大學之道,[1] 在明明德,[2] 在親(新)民,[3] 在止於至善.[4]

대학의 도는 명덕을 밝히는데 있으며, 백성을 친히(새롭게) 하는데 있으며, 지극히 착한 곳에 머무르는 데 있다.

생각의 창

3강령三綱領은 명명덕明明德, 친민親民(신민新民), 지어지선止於至善이다. 명덕은 하늘이 준 인간의 본성, 혹은 마음으로 본래 순수하고 깨끗하다. 따라서 명명덕은 착한 본성이나 마음을 밝힌다는 말이 된다. 친민은 정이程頤가 '신민新民' 으로 쓰는 것이 옳다고 한 이후, 논란이 되었다. 주자도 이에 근거하여 '신민新民' 으로 해석하는 데 백성을 새롭게 한다는 의미가 된다. 이는 백성들 각자가 자기의 착한 본성을 찾아서 그것을 실현하는 새로운 인간이 되어야 한다는 말이다. 지선은 지극히 착한 것으로 객관적인 것에 근거한 "사리당연事理當然함의 극치極致"이다. 그러므로 지극히 착한 곳에 머무른다는 지어지선은 처하는 상황마다 지선의 길을 찾아 거기에서 결코 벗어나지 않는다는 뜻이다.

知止而后有定,[5] 定而后靜,[6] 靜而后能安,[7] 安而后能慮,[8] 慮而后能得.[9]

머무를 곳을 안 뒤에 정함이 있고, 정해진 뒤에 고요할 수 있고, 고요해진 뒤에 편안할 수 있고, 편안한 뒤에 생각할 수 있고, 생각한 뒤에 얻을 수 있다.

1) 大學之道(대학지도): 주자는 대학大學을 대인지학大人之學이라고 함. 대인大人이 되기 위한 학문, 어른에게 필요한 학문. 학문의 완성을 위하여 체득해야할 도.
2) 明德(명덕): 사람의 본성 속에 있는 사리事理를 올바르게 인식하고 분별할 수 있는 밝은 재덕才德.
3) 親民(친민): 백성을 친애親愛함. 여기서는 '친親' 字를 '신新' 의 뜻으로 보고 '백성을 새롭게 하다'.
4) 止於至善(지어지선): 지선至善에 머물다. '至善'은 지극한, 최고의 선.
5) 지(止)는 머무를 곳. 즉, 목표. 정(定)은 뜻의 정향定向이 섬. 즉, 마음이 나아가야 할 방향方向이 정해져 망설이지 않음.
6) 靜(정): 마음이 안 밖의 유혹에 함부로 흔들리지 아니하고 고요함.
7) 安(안): 마음을 편히 하는 일.
8) 慮(려): 사물의 앞뒤를 살피어 올바르게 인식하고 판단하는 일.
9) 得(득): 모든 일을 적절히 처리함. 여기서는 지선을 얻는다는 뜻.

생각의 창

여기서는 '지어지선止於至善'의 지止, 즉 '머무름'을 자세히 말한 것으로 지선을 체득하고 실현하는 과정에 대한 설명이다. 일상생활에서 온갖 사물을 경험할 때에 지선의 소재를 아는 것은 바로 목표를 뚜렷이 알면 일정한 마음을 지니게 되어 의지의 방향성을 설정할 수 있다는 말이다. 뚜렷한 방향이 서면 마음에 흔들림이 없이 고요하다. 마음이 고요하면 여유가 생기고 편안하다. 마음이 편안한 상태에서 행위와 사물과의 관계, 인식과 처리 과정에서 그것이 가장 올바른지의 여부를 살필 수 있고, 비로소 지선에 머물게 된다.

物有本末,[10] 事有終始,[11] 知所先後, 則近道[12]矣.

10) 本末(본말): 근본根本과 말단末端.
11) 終始(종시): 마침과 비롯함. 마지막과 처음.
12) 近道(근도): 도道에 가까움.

물건에는 근본과 말단이 있고, 일에는 마침과 시작이 있으니, 먼저하고 나중에 할 것을 알면, 도에 가까우리라.

생각의 창

모든 일에 혼란과 부조화가 발생하는 원인은 순서나 질서가 뒤바뀌기 때문이다. 사물에는 '본말本末'과 '종시終始'가 있게 마련이어서, 언제나 순서나 질서가 중요하다. 3강령에서 본다면 명덕을 밝힘은 '근본'이고, 신민은 '말단'이다. 근본과 말단은 중요성의 차이보다는 순서가 강조된 표현이다. 따라서 먼저 해야 할 일이 명덕을 밝히는 일이요, 백성을 새롭게 하는 일은 명덕이 밝혀진 다음에 요청되는 것이 마땅하다. 머무를 곳을 아는 일(知止)은 시작이고 거기에 머물게 되는 일(能得)은 마침이다. 이때 '시작'과 '마침'은 모두 중요하다. '근본'과 '시작'은 먼저 할 일이고, '말단'과 '마침'은 나중에 할 일이다.

古之欲明明德於天下者, 先治其國, 欲治其國者, 先齊其家,[13] 欲齊其家者, 先修其身, 欲修其身者, 先正其心, 欲正其心者, 先誠其意,[14] 欲誠其意者. 先致其知. 致知在格物.[15]

物格以后知至, 知至而后意誠, 意誠而后心正, 心正而后修身, 修身而后家齊, 家齊而后國治, 國治而后天下平.

13) 齊(제): 바로잡아 가지런히 함.

14) 誠(성): 온 마음과 뜻을 모아 성실히 하는 것을 말함.

15) 格物(격물): 주자는 이것을 "물物에 이른다"라고 새겨, 만물의 도리를 관찰·연구하는 뜻으로 해석함.

옛날 명덕을 천하에 밝히려는 사람은 먼저 그 나라를 다스렸고, 그 나라를 다스리려는 사람은 먼저 그 집안을 바로 잡았고, 그 집안을 바로 잡으려는 사람은 먼저 그 몸을 닦았고, 그 몸을 닦으려는 사람은 먼저 그 마음을 바르게 하였고, 그 마음을 바르게 하려는 사람은 먼저 그 뜻을 성실히 하였고, 그 뜻을 성실히 하려는 사람은 먼저 그 앎에 이르게 하였으니, 앎에 이름은 사물을 구명함에 있다.

사물이 구명된 뒤에 앎이 이르고, 앎이 이른 뒤에 뜻이 성실하게 되고, 뜻이 성실하게 된 뒤에 마음이 바르게 되고, 마음이 바르게 된 뒤에 몸이 닦아지게 되고, 몸이 닦아진 뒤에 집안이 바로 잡히고, 집안이 바로 잡힌 뒤에 나라가 다스려지고, 나라가 다스려 진 뒤에 천하가 화평하게 되리라.

생각의 창

8조목은 평천하平天下·치국治國·제가齊家·수신修身·정심正心·성의誠意·치지致知·격물格物이다. 이는『대학』공부론의 체계이자 단계이다. 동시에 덕치주의德治主義 이념을 실현하기 위한 방법론적 원리이다. 평천하에 격물에 이르기까지 다시 격물格物에서 시작하여 수신修身에 이르고, 수신을 평천하까지 나아가는 것이

대학의 길이다. 수신은 심신心身을 닦아 수양하는 일로 인격적인 바탕을 갖추어 간다는 뜻이다. 그 근간이 정심 · 성의 · 치지 · 격물 등이다. 이러한 근간을 갖추고 인격이 훌륭한 경지에 이르러야 제가 · 치국 · 평천하를 이룰 수 있게 된다.

16) 庶人(서인): 일반 백성.
17) 壹是(일시): 하나같이.
18) 本(본): 수신修身을 가리킴.
19) 末(말): 제가齊家 · 치국治國 · 평천하平天下를 가리킴.
20) 其所厚者薄, 而其所薄者厚(기소후자박, 이기소박자후): 그 두터이 할 데에 엷게 하고, 그 엷게 할 데에 두터이 하는 것.

自天子以至於庶人,[16] 壹是[17]皆以修身爲本. 其本[18]亂, 而末[19]治者否矣. 其所厚者薄, 而其所薄者厚,[20] 未之有也. (經一章)

천자로부터 서인에 이르기까지, 하나같이 모두 몸 닦는 것으로써 근본을 삼는다. 그 근본이 어지러운데 말단이 다스려지는 일은 없으며, 두터이 해야만 될 곳을 엷게 하면서 엷게 해야만 될 곳을 두터이 하는 것은 있지 아니하다.

생각의 창

여기서는 수신이 바로 제가 · 치국 · 평천하의 근본이 됨을 다시 강조하였다. 천자天子나 서인庶人이나 할 것 없이 무엇보다 먼저 중요하게 요청되는 것은 수신이다. 개인이 저마다 인간다운 본성을 지니는 일은 천하를 평화롭게 하거나, 나라를 다스리거나, 집안을 바로 잡는 등 온갖 행위와 사고의 근본이 된다.

21) 身(신): 자신. 정자程子는 '심心'-마음으로 봄.
22) 好樂(호요): 좋아하다. 樂은 좋아할 요.

所謂修身在正其心者, 身[21]有所忿懥, 則不得其正. 有所恐懼, 則不得其正. 有所好樂,[22] 則不得其正. 有所憂患, 則不得其正. 心不在焉, 視而不見, 聽而不聞, 食而不知其味. 此謂修身, 在正其心. (傳七章)

이른바 몸을 닦는 것이 그 마음을 바로 잡는 데에 있다는 것은, 마음이 노여워하는 것이 있으면 그 바름을 얻지 못하고, 두려워하는 것이 있으면 그 바름을 얻지 못하고, 좋아하는 것이 있으면 그 바름을 얻지 못하고, 근심하는 것이 있으면, 그 올바름을 얻지 못한다. 마음이 거기에 있지 않으면 살펴도 보이지 않으며, 들어도 들리지 않고, 먹어도 그 맛을 알지 못한다. 이를 가리켜 몸을 닦음이 그 마음을 바르게 함에 있다고 하는 것이다.

생각의 창

유학에서 대학과 표리 관계에 있는 『중용』에서 희喜·노怒·애哀·락樂이 펼쳐지지 않은 상태를 '중中'이라 했고 펼쳐져서 모두 절도에 맞는 것을 '화和'라고 했다. 절도에 맞는 것은 지나치거나 치우치지 않는다. 성냄, 두려움, 즐거움, 근심 등의 감정이 절도에 맞을 때 그것이 바로 화和이고 바름이다. 이는 모두 마음의 문제로 귀결된다.

개념 용어 정리

* 다음에 제시한 용어나 개념의 의미를 확인하고, 일상생활의 교양 수준에서 어떻게 활용할 수 있는지, 실천 방안을 고민해 보자.

* 大學 :
* 明明德:
* 修身:
* 本末:
* 格物致知:
* 修己治人:

생각 넓히기

1. 『대학』의 3강령 8조목을 교육의 원리나 방법, 단계나 교육과정으로 재해석해 보자.
2. 자신의 인격을 성숙하기 위해 어떤 공부에 주력하는지, 『대학』의 '수신' 개념을 도입하여 설명해 보자.
3. "사유종시事有終始"의 사상을 적용하여, 현재 자신이 가장 먼저해야 할 일이 무엇인지 제시하고 그 이유를 설명해 보자.

『대학』이해에 도움이 될 만한 책

김기현. 『대학, 진보의 동아시아적 의미』. 서울: 사계절, 2002.
김수길 역. 『대학』. 서울: 대유학당, 1999.
김충렬. 『김충렬교수의 중용대학강의』. 서울: 예문서원, 2007.
남회근(설순남 옮김). 『대학강의』. 서울: 씨앗을 뿌리는 사람들, 2004.
신창호. 『공부 그 삶의 여정』. 고양: 서현사, 2004.

읽기자료

주자의 「대학장구 서문」

『대학』이라는 책은 옛날 태학太學에서 사람을 가르치던 법이다. 하늘이 사람을 내릴 때부터 인의예지仁義禮智의 본성을 부여하지 않은 것은 없다. 그러나 그 기질氣質을 타고난 것이 사람마다 고를 수는 없다. 그러기에 모두가 그 본성이 있는 것을 알아서 온전히 할 수 있는 것은 아니었다. 한 사람이라도 총명하고 지혜가 있어서 그 본성을 그대로 발휘할 수 있는 사람이 그 가운데서 나오면 하늘이 반드시 그에게 명령하여 백성들의 임금과 스승이 되게 하였다. 그리고 그에게 백성들을 다스리고 가르치게 하여 그 본성을 회복하게 하였다. 이것이 바로 복희伏羲 · 신농神農 · 황제黃帝와 요순堯舜 임금이 하늘의 명령을 이어받아 백성들이 살아가는 법도를 세웠으며, 사도司徒의 직책과 전악典樂의 관직을 설치하게 된 까닭이다.

삼대三代(하은주)가 융성할 때에 그 법도가 점차로 갖추어졌다. 그런 뒤에 임금의 궁궐과 도읍으로부터 시골 거리에 이르기까지 모두 학교가 있었다. 사람이 나서 여덟 살이 되면 왕공王公으로부터 서민의 자제에 이르기까지 모두 소학小學에 들어가게 하여, 물뿌려 쓸고, 응낙하고 대답하며, 나아가고 물러가는 절차와 예의와 풍류, 활쏘기와 말부리기, 글씨와 수학 등을 가르쳤다. 열다섯 살이 되면 천자天子의 맏아들과 여러 아들로부터 공경公卿 · 대부大夫와 원사元士의 적자와 서민의 준수한 자제에 이르기까지 모두 태학太學에 들어가게 하여, 이치를 연구하고 마음을 바르게 하며, 몸을 수양하고 사람을 다스리는 도리를 가르쳤다. 이것으로 학교교육에서 태학太學과 소학小學의 절차가 구분되었다.

학교의 설치에서 그 넓은 것이 이러했고 가르치는 방법에서도 순서와 조목의 자세함이 이와 같았는데, 교육의 내용에서는 임금이 몸소 실천하고 자기 마음에 체득한 것을 근본으로 삼았다. 그리하여 백성들이 일상적으로 쓰는 윤리 도덕 이외에 다른 것을 기대하지 않았다. 때문에 그 당시 사람들은 (윤리 도덕을) 배우지 않은 이가 없었다. 배우는 사람들도 자기의 본성과 자신의 직분 상 마땅히 해야 할 일을 알아서 각자가 능력을 모두 발휘하도록 노력하지 않은 이가 없었다. 이것은 옛날 융성한 시대에 위로는 다스림이 훌륭했고 아래로는 풍속이 아름다워, 후세가 미칠 수 없는 부분이다.

주나라가 쇠하자 성스럽고 어진 임금이 나오지 않았고 학교가 제대로 운영되지 못하여 교화가 침체되고 풍속이 무너지게 되었다. 이때 공자 같은 성인이 있었지만, 임금이나 스승의 지위를 얻지 못하여 정치와 교육을 시행하지 못하였다. 이에 홀로 선왕의 법을 취하여 외워 전함으로써 후세에 알렸다. 「곡례」「소의」「내칙」「제자직」과 같은 여러 편은 소학의 지류이자 말류이다. 이 책은 『소학』이 이룬 공을 바탕으로 『대학』의 밝은 법을 나타냈으니 밖으로는 그 규모가 지극히 크고 안으로는 그 절목의 자세함을 다하였다. 삼천 명의 문도가 그 말씀을 듣지 않은 이가 없었지만, 증자의 전함이 오로지 그 정통을 얻었다. 이에 증자가 전의 뜻을 짓고 그 뜻을 펼쳤다. 그러나 맹자가 죽은 후 그 전승이 끊어졌으니, 책이 남아 있기는 하지만 뜻을 아는 자가 드물었다.

이때부터 세속의 유학자들은 사장詞章을 외우고 읽는 학습을 했는데, 그 공은 『소학』보다 배가 되었으나 아무런 쓸모가 없었고, 노자나 불교의 허무虛無와 적멸寂滅의 가르침은 그 높음이 『대학』보다 더하였으나, 실제적인 내용이 없었으며, 기타 권모술수로 일체의 공명을 이루려는 언설과 백가百家 중기衆技의 부류들이 세상을 어지럽히며 백성을 속여 인의仁義를 가로 막고, 또 그 사이에 어지럽게 섞여 나와서, 불행하게도 군자에게 그 대도大道의 요체를 듣지 못하게 하였고, 소인에게 훌륭한 다스림의 혜택을 입지 못하게 하였다. 세상이 어둡고 막히어 고질적인 병폐가 반복하여 나타났고, 오대의 쇠퇴기에는 무너지고 어지러움이 극도에 달하였다.

하늘의 운수가 순환하여 가서 돌아오지 않는 것이 없다. 송나라의 덕이 융성해지자 정치와 교육이 아름답고도 밝았다. 이에 하남 정씨 두 선생이 나타나서 맹자의 도통을 계승하게 되어 진실로 이 책 『대학』을 존숭하고 신뢰하여 드러내었다. 또 책의 차례를 정하고 요지를 밝혔다. 그런 후에 옛날 태학에서 사람을 가르치는 법과 성인의 경문經文과 현인의 전문傳文의 뜻이 찬란하게 다시 세상에 밝혀지게 되었다. 비록 나 주희는 불민하지만 다행히도 사숙하여 이에 관해 들은 바가 있었다. 그러나 돌아보건대 그 책이 상당히 잘못된 부분이 있는 것 같아 나의 고루함도 잊고 구절들을 찾아내어 모았다. 그 사이에 사사로이 나의 의견을 붙여 빠지고 간략한 부분을 보충하고 후세의 군자를 기다리고자 한다. 지극히 분수에 넘치는 짓을 한 죄를 피할 길이 없음을 잘 알고 있지만, 국가가 백성을 교화하고 좋은 풍속을 이룩하려는 의도와 배우는 자가 자기 몸을 닦고 사람을 다스리는 방법에서 반드시 다소의 도움이 없지는 않을 것이다.

제10장
논어論語

"배우기만 하고 생각하지 않으면
얻는 것이 없고
생각만 하고 배우지 않으면 위태롭다
學而不思則罔,
思而不學則殆.
(「爲政」)

유학의 성경『논어』

공자는 동양 최고의 스승이자 성인으로 추앙받는다. 기원전 551년 노魯나라 창평향昌平鄕 추읍陬邑에서 태어나 기원전 449년까지 생존했다고 전한다. 약 72세 정도 산 셈이다. 공자의 어머니는 공자를 낳기 위하여 니구산尼丘山에서 기도했다고 한다. 그래서 공자의 이름을 구丘, 자를 중니仲尼라고 지었다. 아버지는 숙량흘叔梁紇이었고, 어머니는 안징재顔徵在이다. 공자를 낳을 당시 아버지는 60세가 넘은 노인이었고 어머니는 15~16세 정도의 소녀였다. 그래서 이를 두고 야합소생野合所生이라고도 한다.

공자가 출생한 지 얼마 지나지 않아 아버지가 죽고, 가정 또한 가난하게 되었다. 그러므로 공자는 온갖 궂은일을 하면서 홀어머니를 봉양하고 자기 생활을 꾸려 나가야 했다. 창고지기, 목축 관리원도 지냈으며, 항상 책임감이 강하였다. 나중에는 노나라의 대사구大司寇[1]에 이르렀다.

공자는 어디를 가나 학습을 했으며 알지 못하면 바로 물었다. 일

野 들 야
寇 도적 구

1) 대사구: 오늘날 검찰총장이나 법무장관급에 해당

學 배울 학
張 베풀 장
禹 하우씨 우
堯 요임금 요

생에서 자기의 뜻을 제대로 편 적이 아주 적었다. 만년에는 고적을 정리하는 데 전념하여 『시詩』 『서書』 『예禮』 『악樂』 『역易』 『춘추春秋』 등을 편찬하였고, 학술 강학에 힘썼다.

『논어』는 공자와 몇몇 제자들의 말과 행동을 기록하고 있는 책이다. 일종의 대화록이라고 할 수 있다. 이것은 공자가 생존했을 때 쓰여진 것이 아니라 공자가 죽은 뒤 약 70여년 뒤에 편찬되었을 것이라고 한다. 『논어』 원본은 원래 세 종류가 있었다고 한다. 첫 번째는 공자의 옛집을 헐다가 발견한 고문으로 된 『고논어』 21편이 있었고, 두 번째는 제나라 사람들이 전해온 『제논어』 22편이 있었으며, 세 번째는 노나라 사람들이 전해온 『노논어』 20편이 있었다고 한다. 이중 『고논어』와 『제논어』는 없어졌다. 지금 우리가 흔히 알고 있는 『논어』는 전한前漢 말엽에 장우張禹가 『노논어』를 중심으로 엮은 것이다. 「학이學而」에서 「요왈堯日」에 이르는 20편의 편명은 특별한 의미를 지닌 것은 아니다. 단지 글의 첫머리를 따서 편명으로 삼은 것일 뿐이다.

20편의 글이 비록 공자의 제자 문인의 기록이라 하더라도, 『논어』는 어느 한 사람의 손에 의해 이루어진 것이 아닌 듯하다. 또 한꺼번에 저술된 것도 아닌 듯하다. 내용이나 문체상 공자에게 직접 배운 제자들의 기록으로만 보기에도 어려운 점이 많다. 공자 제자의 제자가 기록한 것도 포함되어 있는 듯하다. 분명한 것은 공자의 사상을 담고 있으며 그를 추종하는 제자들이 저술했으리라는 점이다. 유학자들의 공동 저술 정도가 될 듯하다. 그러므로 『논어』의 내용은 광범위하고 다양하다. 각 편 각장도 모두 개별적이며 독립적인 것이다. 주제가 논리 정연하게 체계적으로 제시된 것도 아니다. 그 때 그 때 일어나는 사안에 따라 문답식으로 정리한 것이다. 문답의 내용과 주제별 내용별로 나누어보면 크게 다음과 같이 나눌 수 있다.

첫째, 공자와 제자 사이의 일상생활에 관한 문답

둘째, 당시의 정치인이나 정치에 대한 공자의 비평

셋째, 공자 자신의 일상생활에 관한 의식이나 예절에 대한 문제

넷째, 역사상 인물의 사적에 대한 숭앙이나 찬미

이처럼 구체적 일상에서 말한 것이 대부분이라 추상적 논리적 이론을 앞세운 말은 거의 없다. 이것이 유학의 특색이다. 즉 현실적 구체적인 문제를 거론한다. 일상에서의 윤리적 실천을 강조하는 학문태도는 이런 영향이 클 것으로 생각된다. 이러한 『논어』와 관련된 책이 3천종을 헤아린다고 한다.

공자의 사상은 은殷(商)나라와 주周나라 사회의 사상 조류에 연원을 두고 있다. 그리고 당시 춘추시대의 여러 사상가와 정치가들-예컨대, 정나라의 자산子產, 제나라의 안영晏嬰 등-의 언행을 많이 받아들였다.

춘추시대에는 예禮를 중시하였다. 당시 사람들은 '예'란 "하늘의 법이요 땅의 뜻이며 백성의 행동이다"라고 생각하였다. 그런데 공자는 그것을 '인仁'으로 바꾸었다. 즉 '인'이 없이는 예를 말할 수 없다고 여겼다. 공자는 '인'에 대하여 여러 가지 정의를 내렸다. 그것을 한마디로 말한다면 "남을 사랑하라(愛人)"는 것이다. 즉 생명을 지닌 모든 사람을 사랑하는 일이었다.

공자의 뜻은 "늙은이를 편안하게 하고 벗을 미덥게 사귀며, 어린이를 은혜롭게 하는 것"이었다. 때문에 그의 제자들은 하층 출신들이 절대다수였고, 상층 출신들은 손으로 꼽을 정도로 적었다. 공자 자신도 몰락 귀족이었다. 이것으로 볼 때 공자는 계급 차별을 하지 않은 듯하다.

공자는 30세부터 제자를 받아들였다. 그리하여 늙어서도 한결같이 배움을 싫어하지 아니하고 남을 가르치기에 게으르지 않았다. 공자가 죽은 후 제자들이 시묘살이를 하였는데, 어떤 이들은 3년 동안 머물렀으며 자공 같은 이는 6년 동안 머물었다고도 한다. 공자는 제자들과 함께 천하를 돌아다니면서 세상을 구원하기 위해 힘썼으나 뜻대로 되지는 않았다고 한다.

殷 성할 은
產 낳을 산
仁 어질 인

2) 子曰(자왈)은 孔子曰(공자왈)을 의미하며, 이 때문에 옛날에는 공자의 학문을 자왈학子曰學이라고도 함.
3) 學(학)은 본받는다(효效)는 뜻.
습(習)은 새가 날개짓하며 나는 연습을 하듯이 익힌다는 의미.
4) 說(열)은 기쁘다.
喜(희)나 悅(열)과 같은 뜻.
5) 朋(붕)은 같은 무리, 뜻을 같이 하는 친구.
6) 慍(온)은 성내다의 뜻으로 마음으로 서운함이 있음을 말함.

원문 맛보기

子曰,[2] 學而時習之,[3] 不亦說乎,[4] 有朋,[5] 自遠方來, 不亦樂乎. 人不知而不慍,[6] 不亦君子乎. (「學而」)

공자께서 말씀하셨다.
"배우고 때로 익히면 또한 기쁘지 아니하겠는가?
친한 벗이 먼 곳에서 찾아오면 또한 즐겁지 아니하겠는가?
남이 알아주지 않아도 서운해 하지 않으면 또한 군자가 아니겠는가?"

생각의 창

이 구절은 「논어」의 첫 구절로 학문, 배움에 뜻을 두고 인생을 전개하라는 의미를 엿볼 수 있다. 배운 것을 때로 익힌다는 것은 언제 어느 때고 연습하지 않음이 없다는 뜻으로 부단히 노력함을 강조한다. 이런 배움은 뜻을 같이 하는 친구와 더불어 할 때 더욱 즐겁다. 그런데 배움은 내가 스스로 하는 행위이다. 나를 알아주지 않는 것은 남들이 그렇게 하는 것이다. 그러므로 남이 알아주지 않는다고 해서 성낼 필요는 없다. 왜냐하면 내가 스스로 배워서 기쁘고 즐거운 것이 중요하지, 남에게 보여주어 칭찬 받는 것이 중요한 것은 아니기 때문이다. '배움과 익힘', '벗의 방문', '성내지 않음'의 순서는 '배워서 스스로 익혀 즐거움이 내면에 가득하면, 친구들이 찾아와 서로 논의하는 외면으로 드러나고, 덕이 완성된 군자는 늘 스스로 바르게 배우고 열심히 연습하며 기뻐하는 데 만족할 줄 앎을 설명한 것이다.

其爲人也, 孝弟而好犯上者,[7] 鮮矣.[8] 不好犯上, 而好作亂者,[9] 未之有也. 君子務本,[10] 本立而道生, 孝弟也者, 其爲仁之本與. (「學而」)

사람 됨됨이가 효성스럽고 공손하면서 윗사람에게 덤벼들기를 좋아하는 사람은 드물다. 또 윗사람에게 덤벼들기를 좋아하면서 난을 일으키기 좋아하는 사람은 없다. 군자는 근본에 힘써야 한다. 근본이 서야 도가 생기게 되므로, 효도와 공손이 인을 실천하는 근본일 것이다.

7) 孝弟(효제): 효도와 공손함.
弟(제)자는 悌(제)와 통용함.
犯(범): 덤벼들다.
8) 鮮(선): 드물다.
9) 作亂(작란): 어긋나고 거스르고 다투는 일.
10) 君子(군자): 덕을 완성한 건전한 인격의 소유자. 흔히 성인군자聖人君子라고 함.

생각의 창

효孝는 부모를 잘 모시는 일이고, 제弟는 어른과 형을 잘 섬기는 일이다. 유학의 윤리는 개인과 가정에서 시작하므로 효와 제를 기본으로 한다. 효제는 유학에서 핵심 덕목인 인仁을 실천하는 근본이다. 인은 한 마디로 말하면 '사람을 사랑하는 일' 인데, 부모에게 효도하는 일이나 어른과 형, 언니를 공경하는 것보다 큰 사랑은 없다. 유학은 바로 이 효제孝弟를 실천하는 데 근본을 둔다. 그 다음이 충忠과 신信이다.

子曰, 弟子入則孝,[11] 出則弟, 謹而信,[12] 汎愛衆, 而親仁, 行有餘力, 則以學文.[13] (「學而」)

공자께서 말씀하셨다.

"젊은이들은 집에 들어와서는 효도해야 하고 밖에 나가서는 공손해야 하며, 신중히 행동하고 신의를 지키며, 널리 사람들을 사랑하되 어진 이를 가까이 해야 한다. 이를 실행하고도 남는 힘이 있으면 글을 배워야 한다."

11) 弟子(제자): 자제들. 일반 젊은 사람들을 지칭함. 여러분.
12) 謹(근): 삼가다.
13) 學文(학문): 글을 배움. 여기서는 시서詩書와 육예六藝를 말함. 육예는 예악사어서수禮樂射御書數.

생각의 창

사람들은 자기가 맡은 일을 완수하고 남은 힘이 있을 때, 글을 배워야 함을 말한다. 자기 할 일도 하지 않고 글을 먼저 배운다면 자기를 위한 배움이라기보다는 남에게 자랑하기 위한 배움이 되기 쉽기 때문이다. 유학은 철저하게 자기 자신에게 충실하는 위기지학爲己之學을 추구한다. 그러므로 덕행을 먼저 닦는 것이 근본이고 문예를 배우는 것은 지엽적인 일이 된다.

子曰, 吾十有五而志于學, 三十而立, 四十而不惑, 五十而知天命, 六十而耳順, 七十而從心所慾不踰矩.[14] (「爲政」)

14) 踰(유): 넘다.
矩(구): 법도를 재는 기구. 법.

공자께서 말씀하셨다.

"나는 열다섯에 학문에 뜻을 두었고, 서른에 자립하였고, 마흔에 어떤 일에도 미혹되지 않았으며, 쉰에 천명을 알았고, 예순에는 귀로 들으면 무슨 말이든 그대로 알아들었고, 일흔이 되어서는 마음 내키는 대로 행동을 해도 법도를 넘지 않았다."

생각의 창

유학에서의 인생 과정을 단계적으로 드러내 주고 있다. 꼭 그 나이에 맞는 것은 아니지만 일반적으로 이런 나이 전후로 인생은 질적 변화를 겪게 된다. 15세 전후 학문에 뜻을 두는 것을 '지학志學'이라고 하고, 30세 전후 자립하여 삶의 독립을 이루는 것을 '이립而立' 이라 하며, 40세 전후 세상의 도리를 제대로 파악하여 의심나는 것이 없고 쉽게 흔들리지 않음을 '불혹不惑'이라 하고, 50세 전후 사물의 존재 원인을 확실히 알아 나의 사명을 확인하는 것을 '지천명知天命' 이라 하며, 60세 전후 어떤 소리를 들어도 마음으로

금방 알아차려 거스르는 것이 없음을 '이순耳順'이라 하고, 70세 전후 마음 내키는 대로 행동해도 법도를 어기지 않고 편안히 행동하면서도 저절로 도에 맞음을 '종심소욕불유구從心所欲不踰矩'라고 한다.

子曰, 學而不思則罔,[15] 思而不學則殆.[16] (「爲政」)

15) 罔(망): 없다.
16) 殆(태): 위태롭다.

공자께서 말씀하셨다.

"배우기만 하고 생각하지 않으면 얻는 것이 없고, 생각만 하고 배우지 않으면 위태롭다."

생각의 창

배우기만 하고 마음으로 깊이 구하지 않기 때문에 어두워서 얻는 것이 없고, 생각만 하고 그 일을 익숙하게 연습하지 않았기 때문에 위태로워서 편안하지 않게 된다. 그러므로 공부를 할 때는 배워서 깊이 생각하여 몸에 배도록 하여 자신의 것으로 만들고, 깊이 생각하여 다시 학문적으로 응용하며 익숙하게 해야 한다. 즉 배움과 생각을 변증법적으로 통일시켜야 한다.

夫仁者, 己欲立而立人, 己欲達而達人. (「雍也」)

어진 사람은 자기가 서려고 하는 곳에 남도 세워 주고, 자기가 통달하려고 하는 곳에 남도 통달하게 한다.

생각의 창

인仁의 본체本體를 설명한 말이다. 자기 마음을 남과 같이 하는 것이 어진 사람의 마음이다. 내가 하고 싶은 것은 다른 사람도 하고 싶어 하며 내가 하기 싫은 것은 다른 사람도 하기 싫어하는 것이 인간의 일반적인 감정이다. 인은 바로 다른 사람의 마음을 헤아려 보는 배려의 마음이라고 할 수 있다. 이와 유사한 말이 「안연顔淵」에서는 "내가 하고자 하지 않는 것을 다른 사람에게 베풀지 말라(기소불욕 물시어인己所不欲 勿施於人)"는 표현으로 나타나고, 『중용』에서는 "자기 몸에 베풀어 보아 원하지 않는 것을 또한 남에게도 베풀지 말라(시저기이불원施諸己而不願, 역물시어인亦勿施於人)."고 했다.

子曰, 參乎,[17] 吾道, 一以貫之. 曾子曰, 唯.[18] 子出, 門人, 問曰, 何謂也. 曾子曰, 夫子之道,[19] 忠恕而已矣. (「里仁」)

17) 參(삼): 공자 제자인 증삼曾參. 자는 子輿. 공자보다 46세 아래로 효도에 뛰어났던 사람으로 유명함.

18) 唯(유): 대답하다. 예.

19) 夫子(부자): '선생님'을 지칭. 공자를 孔夫子(공부자)라고도 함. 孔夫子를 중국 발음으로 '콩푸즈'라고 하는 데, 여기에서 영어의 Confucius(공자)가 파생되어 유학을 Confucianism이라고 함.

공자께서 말씀하셨다. "증삼아 나의 도는 하나로써 모든 것을 관통한다." 그러자 증자가 말했다. "예, 무슨 말씀인지 알았습니다." 공자께서 밖으로 나가자 제자들이 증자에게 물었다. "무슨 말씀이십니까?" 증자가 말했다. "선생님의 도는 충서忠恕일 뿐이다."

생각의 창

공자의 도가 충서로 일관되어 있음을 보여준다. 충忠은 자기의 마음을 끝까지 열심히 다하는 것으로 자기 최선을 다하는 것이라고 볼 수 있다. 서恕는 자기의 마음을 미루어 남을 생각하는 것으로 타인에 대한 배려(caring) 정신이다. 즉 내가 상대방의 입장이 되어 헤아려 생각해 보는 일이다. 공자는 이 충과 서를 가지고 행동의 규범으로 삼고 일관된 행위를 했다.

子路問,[20] 君子. 子曰, 修己以敬. 曰如斯而已乎. 曰修己以安人. 曰如斯而已乎, 曰修己以安百姓. (『憲問』)

자로가 군자가 무엇이냐고 묻자, 공자께서 말씀하셨다.
"경敬으로써 몸을 수양하는 것이다."
자로가 물었다.
"이뿐입니까?"
공자께서 말씀하셨다.
"몸을 수양하여 남을 편안하게 해야 한다."
자로가 물었다.
"이뿐입니까?"
공자께서 말씀하셨다.
"몸을 수양하여 백성을 편안하게 해야 한다."

생각의 창

경敬으로써 몸을 수양해야 한다는 말은 공자 사상의 핵심이다. 즉 유학의 핵심 사상인 것이다. 유학의 경전은 바로 경敬공부의 내용을 담고 있다고 해도 과언이 아니다. 그런데 경을 몸에 체득한 군자의 모습을 자로가 공자에게 물었는데, 자로 마음에 차지 않았던 모양이다. 그래서 두 번 세 번 되묻자 공자는 먼저 자기 몸을 닦고, 그것으로 다른 사람을 편안하게 해주며, 나아가 백성들을 편히 해 주어야 한다고 답했다. 이는 『대학』의 수기치인修己治人의 논리와 동일한 맥락이다.

20) 子路(자로): 공자의 제자로 공자보다 9세 아래였다. 성격이 과감하고 거칠었으나, 솔직하고 곧아서 공자는 그에 대하여 늘 걱정하면서도 무척 좋아했던 것 같다. 성격이 군인답고 군사에 뛰어난 재능을 보임.

21) 述(술): 옛 것을 전하기만 하는 것.
作(작): 처음으로 창작하는 일.

子曰, 述而不作.[21] (「述而」)

공자께서 말씀하셨다.
"나는 옛 것을 전하기만 하였고, 창작하지는 않았다."

생각의 창

공자는 당시까지 여러 성인들이 이루어 놓은 것을 모아서 절충하였다고 전한다. 일종의 편집이나 편저의 형식으로 6경을 산정刪定한 것이다. 그래서 공자를 집대성集大成자라고도 한다. 유학을 비롯한 동양의 학문은 원문을 해설하고, 주석하는 형식으로 발전한 경향이 많은 데, 이는 공자의 학문 자세와 관련된다.

22) 懷(회): 품다. 따뜻하게 보호해 주다.

子曰, 老者安之, 朋友信之, 少者懷之.[22] (「公冶長」)

공자께서 말씀하셨다.
"노인을 편안히 해주며, 벗들을 미덥게 해주며, 어린이를 품어 준다."

생각의 창

공자가 인간을 대하는 기본 원칙이다. 그것은 윗사람을 편안히 모시는 것, 같은 동년배인 친구들에게는 믿음으로 대하는 일, 아랫사람은 따뜻하게 보호해주는 일이다.

23) 焉(언): 어찌.

敢問死, 曰未知生, 焉知死.[23] (「先進」)

(자로子路) "감히 죽음에 대해 여쭙습니다."
공자께서 말씀하셨다.
"삶도 모르는데 어찌 죽음을 알겠는가"

생각의 창

삶의 도를 알면 죽음의 도도 알 수 있다. 이는 삶에 충실하고 현실을 직시하라는 의미이다. 여기에서 유학이 현실의 인간 삶을 중심으로 올바름을 추구함을 알 수 있다. 즉 주어진 현실에서 어떻게 합리적으로 살아가느냐의 문제를 중시하여 윤리적 측면이 발달하게 된다.

子曰, 過而不改,[24] 是謂過矣. (「衛靈公」)

잘못이 있으면서 고치지 않는 것, 그것이 바로 잘못이다.

24) 過(과): 허물, 잘못, 오류.

생각의 창

사람은 누구나 잘못을 저지르고 실수하고 오류를 낳게 마련이다. 이때 그 잘못과 실수와 오류를 제대로 인식하고 고치면 된다. 그런데 고치지 않고 억지로 우기거나 그대로 두면 그 잘못은 더욱 굳어져서 나중에는 정말 고칠 수 없게 된다. 이것이야말로 진정 잘못하는 일이다.

孔子曰, 君子, 有九思. 視思明, 聽思聰, 色思溫, 貌思恭, 言思忠, 事思敬, 疑思問, 忿思難, 見得思義.[25] (「季氏」)

공자께서 말씀하셨다.

"군자는 아홉 가지 생각이 있다. 밝게 보는 것, 밝게 듣는 것, 온화한 얼굴, 공손한 용모, 충성스런 말, 성실한 일, 의심이 나면 질문하는 것, 분함을 참지 못했을 경우 닥칠 일을 생각함, 얻을 것을 보면 의를 생각하는 것이다."

25) 視(시): 보다,
聽(청): 듣다.
色(색): 얼굴 색,
貌(모): 용모,
言(언): 말,
事(사): 일,
疑(의): 의심,
忿(분): 분통,
見得(견득): 얻을 것.

생각의 창

주자에 의하면, "눈에 가리는 것이 없으면 보이지 않는 것이 없고, 듣는 데 방해하는 것이 없으면 듣지 못하는 것이 없다. 색은 얼굴에 나타나는 것이고 용모는 온몸을 대표적으로 말하는 것이다. 질문할 것을 생각하면 의심이 쌓이지 않고, 앞으로 닥칠 어려운 일을 생각하면 반드시 분통을 참게 되고, 의리를 생각하면 얻는 것이 구차하지 않다." 이 아홉 가지 생각은 인간의 삶의 방식을 전체적으로 규정하여 생활의 지침을 준다.

개념 용어 정리

* 다음에 제시한 용어나 개념의 의미를 확인하고, 일상생활의 교양 수준에서 어떻게 활용할 수 있는지, 실천 방안을 고민해 보자.

* 學習 :
* 孝悌:
* 仁:
* 修己
* 忠恕:
* 敬:
* 述而不作:

생각 넓히기

1. 『논어』의 첫 문장은 "학이시습學而時習"이다. 이는 '배움'을 엄청나게 강조한다는 의미이기도 하다. 『논어』에 드러난 배움과 현대 고등교육에서 배움의 의미를 비교 설명해 보자.
2. 『논어』에서 인仁은 다양한 모습으로 설명된다. '타자에 대한 배려'라는 측면에서 인을 설명하고, 현대적 응용 방식을 제시해 보자.
3. 공자가 언급한 "삶도 모르는데 어찌 죽음을 알겠는가?"라는 구절의 의미에 대해 논의해 보자.

『논어』 이해에 도움이 될 만한 책

김용옥. 『도올논어』. 서울: 통나무, 2001.
박이문. 『논어의 논리』. 서울: 문학과 지성사, 2005.
배병삼. 『한글 세대가 본 논어』. 서울: 문학동네, 2002.
시모무라 고진(고운기 옮김). 『논어』. 서울: 현암사, 2003.
천 웨이핑(신창호 옮김). 『공자평전』. 서울: 미다스북스, 2002.

읽기자료

CONFUCIAN ANALECTS

Book 1

1.1 The Master "Is it not pleasant to learn with a constant perseverance and application? "Is it not delightful to have friends coming from distant quarters? "Is he not a man of complete virtue, who feels no discomposure though men may take no note of him?"

1.2 The philosopher Yu said, "They are few who, being filial and fraternal, are fond of offending against their superiors. There have been none, who, not liking to offend against their superiors, have been fond of stirring up confusion. "The superior man bends his attention to what is radical. That being established, all practical courses naturally grow up. Filial piety and fraternal submission,-are they not the root of all benevolent actions?"

1.3 The Master said, "Fine words and an insinuating appearance are seldom associated with true virtue."

1.4 The philosopher Tsang said, "I daily examine myself on three points:-whether, in transacting business for others, I may have been not faithful;-whether, in intercourse with friends, I may have been not sincere;-whether I may have not mastered and practiced the instructions of my teacher."

1.5 The Master said, "To rule a country of a thousand chariots, there must be reverent attention to business, and sincerity; economy in expenditure, and love for men; and the employment of the people at the proper seasons."

1.6 The Master said, "A youth, when at home, should be filial, and, abroad, respectful to his elders. He should be earnest and truthful. He should overflow in love to all, and cultivate the friendship of the good. When he has time and opportunity, after the performance of these things, he should employ them in polite studies."

1.7 Tsze-hsia said, "If a man withdraws his mind from the love of beauty, and applies it as sincerely to the love of the virtuous; if, in serving his parents, he can exert his utmost strength; if, in serving his prince, he can devote his life; if, in his intercourse with his friends, his words are sincere:-although men say that he has not learned, I will certainly say that he has.

1.8 The Master said, "If the scholar be not grave, he will not call forth any veneration, and his learning will not be solid. "Hold faithfulness and sincerity as first principles. "Have no friends not equal to yourself. "When you have faults, do not fear to abandon them."

1.9 The philosopher Tsang said, "Let there be a careful attention to perform the funeral rites to parents, and let them be followed when long gone with the ceremonies of sacrifice;-then the virtue of the people will resume its proper excellence."

1.10 Tsze-ch' in asked Tsze-kung saying, "When our master comes to any country, he does not fail to learn all about its government. Does he ask his information? or is it given to him?" Tsze-kung said, "Our master is benign, upright, courteous, temperate, and complaisant and thus he gets his information. The master' s mode of asking information,-is it not different from that of other men?"

1.11 The Master said, "While a man' s father is alive, look at the bent of his will; when his father is dead, look at his conduct. If for three years he does not alter from the way of his father, he may be called filial."

1.12 The philosopher Yu said, "In practicing the rules of propriety, a natural ease is to be prized. In the ways prescribed by the ancient kings, this is the excellent quality, and in things small and great we follow them. "Yet it is not to be observed in all cases. If one, knowing how such ease should be prized, manifests it, without regulating it by the rules of propriety, this likewise is not to be done."

1.13 The philosopher Yu said, "When agreements are made

according to what is right, what is spoken can be made good. When respect is shown according to what is proper, one keeps far from shame and disgrace. When the parties upon whom a man leans are proper persons to be intimate with, he can make them his guides and masters."

1.14 The Master said, "He who aims to be a man of complete virtue in his food does not seek to gratify his appetite, nor in his dwelling place does he seek the appliances of ease; he is earnest in what he is doing, and careful in his speech; he frequents the company of men of principle that he may be rectified:-such a person may be said indeed to love to learn."

1.15 Tsze-kung said, "What do you pronounce concerning the poor man who yet does not flatter, and the rich man who is not proud?" The Master replied, "They will do; but they are not equal to him, who, though poor, is yet cheerful, and to him, who, though rich, loves the rules of propriety." Tsze-kung replied, "It is said in the Book of Poetry, 'As you cut and then file, as you carve and then polish.' -The meaning is the same, I apprehend, as that which you have just expressed." The Master said, "With one like Ts' ze, I can begin to talk about the odes. I told him one point, and he knew its proper sequence."

1.16 The Master said, "I will not be afflicted at men' s not knowing me; I will be afflicted that I do not know men."

제11장
맹자孟子

측은해 하는 마음이 없으면 사람이 아니고
부끄러워하는 마음이 없으면 사람이 아니며
사양하는 마음이 없으면 사람이 아니고
시비를 가리는 마음이 없으면 사람이 아니다

無惻隱之心 非人也
無羞惡之心 非人也
無辭讓之心 非人也
無是非之心 非人也
『孟子』「公孫丑」上

민본 정치의 보고 『맹자』

맹자孟子는 기원전 372년에 추鄒나라에서 태어났다. 추나라는 오늘날 산동성山東省 추현鄒縣으로 공자가 태어난 노魯나라의 곡부曲阜와는 인접해 있다. 유학의 본산지에서 출생한 그는 공자의 손자인 자사子思에게 배웠다고 한다. 당시의 중국은 전란의 도가니 속에서 패권 다툼을 하고 있던 전국시대戰國時代였다. 그는 전국의 여러 나라를 주유周遊하며 자기의 뜻을 펴려고 제후들을 찾아 유세遊說했으나 등용되지 않았다. 만년晩年에 고향으로 돌아가 강학講學을 하다가 생애를 마쳤다.

省 살필 성
思 생각 사
晩 저물 만

『맹자孟子』는 그의 언행과 제자들과의 문답을 기록한 책이다. 맹

集 모일 집
注 물댈 주
亞 버금 아
義 옳을 의
智 슬기 지
治 다스릴 치

자가 만년에 지었다는 설도 있지만, 만장萬章·공손추公孫丑 등 그의 제자들이 편찬한 것으로 본다. 『맹자』는 원래 자서子書로 『한서漢書』「예문지藝文志」 가운데 자부子部의 유가에 배열되었다. 당대唐代이후로 점차 존숭되어 남송南宋 때 이르러 주자가 그것을 사서四書의 경부經部에 삽입시키고 집주集注를 달자, 『맹자』를 연구하는 사람이 점차 많아지게 되었다. 『맹자』의 편수는 『사기』「맹순열전孟荀列傳」에서는 7편이라고 했고, 반고班固의 『한서』「예문지」에는 11편이라고 했으나, 현재 전하는 것은 7편이다. 이 7편의 편명은 「양혜왕梁惠王」, 「공손추公孫丑」, 「등문공滕文公」, 「이루離婁」, 「만장萬章」, 「고자告子」, 「진심盡心」이다.

맹자는 기본적으로 공자의 사상을 계승하여 발전시킨 아성亞聖이다. 그는 공자의 인仁 사상에 의義 사상을 더해 인의仁義를 주장했다. 『맹자』의 내용에서 중국 문화에 가장 큰 영향을 미친 것은 그 유명한 성선설性善說이다.

맹자의 생각은 다음과 같다. 인간은 본래 착한 마음을 갖고 태어나며, 누구나 다 인의예지仁義禮智의 마음을 지니고 있다. 남을 측은하게 여길 줄 아는 마음은 인仁의 단초가 되고, 잘못을 부끄러워하고 불의를 미워하는 마음은 의義의 단초가 되고, 양보할 줄 아는 마음은 예禮의 단초가 되고, 옳고 그름을 가리는 마음은 지智의 단초가 된다. 이 네 가지 단초가 되는 마음은 선천적으로 타고난 것으로 본래 지니고 있는 것이지만, 그대로 내버려두면 인의예지의 마음이 점점 줄어들어 결국 소인이 된다. 그러나 이를 잘 기르고 베풀면 인의예지가 완전한 덕德으로 완성되어 결국에는 누구나 다 성인聖人이 될 수 있다.

『맹자』의 의하면, 학문도 다른 것이 아니라 본래의 착한 마음을 바로 잡는 것이며, 이러한 마음을 가지고 정치를 하는 것이 진정으로 백성을 잘 살게 하는 왕도정치王道政治이다. 착한 본성에 따라 정치를 하면 자연스럽게 백성을 위해 부역과 세금을 줄이고 전쟁이 일어나지 않게 하며, 백성을 존중하는 정치를 하게 된다. 이렇게 하지 않는 군주는 왕이라고 할 수 없다. 백성들에게 폭정을 가하는 군주는 결국 백성이 혁명을 일으켜 바꾸게 된다. 그것이 유명한 동양적 역성혁명론이다.

『맹자』에 담겨있는 문장들 하나하나는 감정이 강렬하고 기세가 충만하다. 특히 맹자의 언변을 잘 보여주는 날카로운 필치는 후세의 문장에 큰 영향을 미쳤다.

원문 맛보기

孟子見梁惠王.[1] 王曰, 叟[2]不遠千里而來, 亦將有以利吾國乎. 孟子對曰, 王何必曰利, 亦有仁義而已矣. 王曰何以利吾國, 大夫[3]曰何以利吾家; 士庶人[4]曰何以利吾身. 上下交征利, 而國危矣. 萬乘之國,[5] 弑其君子, 必千乘之家. 千乘之國, 弑其君子, 必百乘之家. 萬取千焉, 千取百焉, 不爲不多矣. 苟爲後義而先利, 不奪不?. 未有仁而遺[6]其親者也; 未有義而後[7]其君者也. 王亦曰仁義而已矣. 何必曰利. (「梁惠王」上)

맹자가 양梁 혜왕惠王을 만났는데, 왕이 말하였다.

“노인께서 천리 길을 멀다않고 오셨으니, 장차 내 나라를 이롭게 할 방법이 있겠습니까?”

맹자가 대답하였다.

“왕께서는 하필이면 이로움을 말씀하십니까? 오직 인의仁義가 있을 따름입니다. 왕께서 어떻게 하면 내 나라를 이롭게 할까 하신다면, 대부大夫는 어떻게 하면 내 집을 이롭게 할까 할 것이고, 선비와 백성들은 어떻게 나 자신을 이롭게 할까 말할 것이니, 상하가 서로 이익만을 취한다면 나라는 위태롭게 됩니다. 만승萬乘의 나라에서 그 임금을 죽인 자는 반드시 천승千乘의 가문이고, 천승千乘의 나라에서 그 임금을 죽이는 자는 반드시 백승百乘의 가문입니다. 만에서 천을 취하고, 천에서 백을 취함은 결코 적은 것이 아니건마는, 진실로 의를 뒤로 돌리고 이익을 앞세우는 짓을 하면, 그 나라를 모두 빼앗지 않고서는 만족하지 못할 것입니다. 어질면서도 그 어버이를 버린 자는 있지 아니하였으며, 의로우면서도 자기 임금을 소홀히 여긴 자는 없었습니다. 왕께서는 인의仁義를 말씀하실

1) 梁惠王(양혜왕): 양梁은 전국시대 칠웅七雄(위魏, 한韓, 조趙, 진秦, 초楚, 연燕, 제齊)중의 하나.

2) 叟(수): 노인. 선생. 장로長老에 대한 호칭.

3) 大夫(대부): 주대周代의 벼슬. 삼대의 관제는 경卿, 대부大夫, 사士의 세 계급으로 나뉨.

4) 士庶人(사서인): 사士는 독서인. 서인庶人은 백성.

5) 乘(승): 수레를 세는 양사量詞. 병거兵車 일승一乘에는 군마軍馬 4필匹, 소 20두, 갑사甲士 3인, 창과 방패를 갖춘 졸卒 72인이 따름.

6) 遺(유): 내버림. 돌보지 않음.

7) 後(후): 뒤로 미룸. 가벼이 여김.

따름인데, 하필이면 이익을 말씀하십니까?"

생각의 창

이 장은 나라를 다스리는 도리를 말한 것이다. 나라를 다스리는 근본은 인의仁義를 표방하고 실천하는 데 있다. 그래야 위아래가 서로 화친하고 임금과 신하가 화합한다. 이것이 천지天地의 법도이고 불변하는 도리임을 『맹자』의 첫 장에 내세운 것이다.

梁惠王曰, 寡人[8]之於國也, 盡心焉耳矣. 河內[9]凶, 則移其民於河東,[10] 移其粟於河內. 河東凶亦然. 察隣國之政, 無如寡人之用心者. 隣國之民不加少, 寡人之民不加多, 何也. 孟子對曰, 王好戰, 請以戰喩. 塡然[11]鼓之,[12] 兵刃旣接, 棄甲曳兵而走. 或百步而後止, 或五十步而後止. 以五十步笑百步, 則何如? 曰, 不可, 直不百步耳, 是亦走也. 曰: 王如知此, 則無望民之多於隣國也. (「梁惠王」上)

양혜왕이 말하였다.

"과인은 나라를 다스리는데 마음을 다하고 있습니다. 하내 지방에 흉년이 들면 그 백성들을 하동 지방으로 옮기고, 하동의 곡식을 하내로 옮기며, 하동에 흉년이 들면 역시 그렇게 합니다. 이웃나라의 정치를 살펴보면 과인이 마음을 쓰는 것 같이 하는 자가 없습니다. 그런데도 이웃나라의 백성은 더 줄지 않고, 과인의 백성은 더 늘지 않는 것이 무엇 때문입니까?"

맹자가 대답하여 말하였다.

"왕께서 전쟁을 좋아하시니 전쟁으로서 비유하여 말씀드리겠습니다. 둥둥하고 북이 울려 양쪽 군사들의 칼날이 부딪치며 싸울 때 갑옷을 버리고 무기를 끌며 달아나는 사람이 있으니 어떤 자는 100

8) 寡人(과인): 덕이 적은 사람이란 뜻으로 왕이 자신을 스스로 낮춘 말.

9) 河內(하내): 위魏의 지명地名. 지금의 하남성河南省 이북지역.

10) 河東(하동): 위魏의 지명地名. 지금의 산서성山西省 황하黃河의 동쪽 지역.

11) 塡然(전연): 둥둥, 북소리의 의성어.

12) 鼓之(고지): 북을 울리다. 옛날에는 군사는 북소리로 전진하고, 징 소리로 후퇴함.

보를 달아난 후 멈추고, 어떤 자는 50보를 달아난 후에 멈춥니다. 그런데 50보 달아난 자가 100보 달아난 자를 비웃는다면 어떻겠습니까?"

왕이 말하였다.

"안되오. 단지 100걸음이 아닐 뿐이지 그것 역시 달아난 것입니다."

맹자가 말하였다.

"왕께서 만약 그것을 아신다면 백성이 이웃나라보다 많아지기를 바라서는 안됩니다."

생각의 창

유명한 고사성어인 "오십보백보五十步百步"의 출처이다. 양혜왕은 이웃나라의 왕에 비해 백성들에게 베푼 은혜가 적다. 즉 왕도王道를 행한다고는 하나 백성들을 제대로 보살피지 못했다. 양혜왕은 자신이 정치를 잘하는 줄 알고, 이웃나라의 정치를 비웃고 있다. 마치 오십보백보의 상황처럼, 어리석음을 보이자, 맹자가 이를 꼬집었다.

不違農時, 穀不可勝食也, 數罟[13]不入洿池, 漁鼈不可勝食也, 斧斤[14]以時入山林, 材木不可勝用也. 穀與漁鼈不可勝食, 材木不可勝用, 是使民養生喪死無憾也. 養生喪死無憾, 王道之始也. 五畝之宅,[15] 樹之以桑, 五十者可以衣帛矣. 鷄豚狗彘[16]之畜, 無失其時, 七十者可以食肉矣. 百畝之田, 勿奪其時, 數口之家[17]可以無飢矣. 謹庠序[18]之敎, 申之以孝悌之義, 頒白者不負戴於道路矣. 七十者衣帛食肉, 黎民不飢不寒, 然而不王者, 未之有也. 狗彘食人食而不知檢, 塗有餓莩

13) 數罟(촉고): 눈이 빽빽하고 잔 그물.

14) 斧斤(부근): 부斧는 날이 세로 선 도끼, 근斤은 날이 가로 선 도끼.

15) 五畝之宅(오무지택): 사마법司馬法에 의하면, 6척尺이 1보步, 100보步가 1무畝로 되어 있는데, 여러 설을 종합해보면 1무는 약 52평坪에 해당하는 면적.

16) 鷄豚狗彘(계돈구체): 닭, 새끼돼지, 개, 암퇘지.

17) 數口之家(수구지가): 5, 6명 정도의 가족을 가진 가정.

18) 庠序(상서): 지방 학교.

而不知發, 人死, 則曰: 非我也, 歲也. 是何異於剌人而殺之曰: 非我也, 兵也 王無罪歲, 斯天下之民至焉. (「梁惠王」上)

농사철을 어기지 않으면 곡식을 이루 다 먹을 수 없게 될 것이고, 촘촘한 그물을 웅덩이와 못에 넣지 않으면 물고기와 자라를 이루 다 먹을 수 없게 될 것이며, 도끼를 제 때에 산림에 넣는다면 재목을 이루 다 쓸 수 없게 될 것이니, 곡식과 물고기와 자라를 이루 다 먹을 수 없고, 재목을 다 쓸 수 없다는 것은 산 사람을 기르고 죽은 사람을 장사 지내는데 유감이 없는 것입니다. 산 사람을 기르고 죽은 사람을 장사 지내는데 유감이 없게 하는 것이 왕도의 시작입니다.

다섯 이랑의 택지에다 뽕나무를 심으면 50대의 사람들이 명주옷을 입을 수 있게 됩니다. 닭, 새끼돼지, 개, 큰 돼지 등의 가축들을 그 번식 시기를 놓치지 않는다면, 70대의 사람들이 고기를 먹을 수 있게 됩니다. 100이랑의 밭을 농사지을 시기를 빼앗지 않는다면, 수명의 식구를 가진 가구가 굶주리는 일이 없습니다. 학교의 교육을 근엄하게 하여 효성과 우애의 뜻을 되풀이하여 가르친다면 반백이 된 사람이 길에서 이고 지고 다니지 않게 될 것입니다. 70대의 사람들이 명주옷을 입고 고기를 먹고, 백성들이 굶주리지 않고 춥게 살지 않게 되고서도, 왕 노릇을 하지 못한 사람은 지금까지 있어 본 일이 없습니다.

개, 돼지가 사람 먹을 곡식을 먹게 되어도 거둬들이지 않고, 길에 굶어 죽은 송장이 생겨도 풀어먹일 줄 모르고, 사람이 죽으면 "내가 한 게 아니라 흉년이 한 짓이다"라고 한다면, 그것이 어찌 사람을 찔러 죽이고 "내가 한 게 아니라 무기가 한 것이다"라고 하는 것과 다르겠습니까? 왕께서 흉년을 허물하는 일이 없게 되면,

곧 온 천하의 사람들이 모여 오게 될 것입니다."

 생각의 창

이 편은 맹자 정치사상의 기본이 무엇인지 일러준다. 패도정치霸道政治를 배격하고 왕도정치王道政治를 주장하는 맹자는 진정한 정치의 출발을 민생의 안정에 두고 있다. 민생의 안정은 위정자爲政者의 책임이다. 위정자가 자기의 무능과 잘못은 반성하지 않고 도리어 자기가 한 보잘것없는 미봉책彌縫策으로 큰 은혜를 베푼 것처럼 선전하는 것이 기본적으로 잘못되었음을 지적하고 비평했다.

孟子曰, 人皆有不忍人之心. 先王[19]有不忍人之心, 斯有不忍人之政矣. 以不忍人之心, 行不忍人之政, 治天下可運之掌上. 所以謂人皆有不忍人之心者, 今人乍見孺子將入於井, 皆有怵惕惻隱之心. 非所以內交於孺子之父母也, 非所以要譽於鄕黨[20]朋友也, 非惡其聲[21]而然也. 由是觀之, 無惻隱之心, 非人也. 無羞惡之心, 非人也. 無辭讓之心, 非人也. 無是非之心, 非人也. 惻隱之心, 仁之端也. 羞惡之心, 義之端也. 辭讓之心, 禮之端也. 是非之心, 智之端也. 人之有是四端也, 猶其有四體[22]也. 有是四端而自謂不能者, 自賊者也, 謂其君不能者, 賊其君者也. 凡有四端於我者, 知皆擴而充之矣. 若火之始然,[23] 泉之始達.[24] 苟能充之, 足以保四海, 苟不充之, 不足以事父母. (「公孫丑」上)

19) 先王(선왕): 요堯, 순舜, 우禹, 탕湯, 문文, 무왕武王과 같은 성군聖君.
20) 鄕黨(향당): 한 동네 사람들.
21) 惡其聲(오기성): 아이를 구해주지 않았다는 원성怨聲.
22) 四體(사체): 팔과 다리, 사지四肢.
23) 然(연): 燃(타오르다)의 본 글자.
24) 達(달): 솟아나다.

맹자가 말하였다.

"사람마다 모두 남에게 잔인하게 굴지 못하는 마음이 있네. 선왕들은 남에게 잔인하게 굴지 못해 하는 마음을 지니고 있었다네, 그래서 차마 남에게 잔인하게 굴지 못하는 정치가 생겨났던 것이네.

차마 남에게 잔인하게 굴지 못하는 마음으로, 남에게 잔인하게 굴지 못하는 정치를 실시한다면, 천하를 다스리는 것은 손바닥 위에서 움직이는 것 같이 할 수 있을 것이네. 사람마다 모두 남에게 잔인하게 굴지 못하는 마음이 있다고 하는 까닭은 이러하기 때문이네.

지금 사람들이 어린아이가 우물에 빠지려고 하는 것을 갑자기 보게 된다면, 다들 겁이 나고, 측은한 마음이 생기는데, 그것은 그 어린아이의 부모와 교분을 갖고자 하는 것도 아니고, 동네 사람들과 친구들에게 칭찬을 받으려는 것도 아니고, 그 아이가 지르는 소리가 듣기 싫어서도 아니네.

이로서 보건데 측은해 하는 마음이 없는 사람은 인간이 아니고, 부끄러워하는 마음이 없는 사람은 인간이 아니며, 사양하는 마음이 없는 사람은 인간이 아니고, 시비를 가리는 마음이 없는 사람은 인간이 아니라네. 측은해 하는 마음은 인仁의 단초이고, 부끄러워하는 마음은 의義의 단초이며, 사양하는 마음은 예禮의 단초이며, 시비를 가리는 마음은 지智의 단초이네. 사람들이 이 네 가지 단초를 지니고 있는 것은 그들이 사지를 가지고 있는 것과 같다네.

이 네 가지 단초를 지니고 있으면서 선한 일을 하지 못한다고 스스로 말하는 것은 스스로를 해치는 사람이고, 자기 임금이 선한 일을 하지 못한다고 말하는 것은 자기 임금을 해치는 사람들이네. 자신에게 이 네 가지 단초가 있는 사람이면 모두 그것을 확충시킬 줄 알게 마련이네. 네 가지 단초는 불이 처음 타오르고 샘이 처음 솟아나는 것과 같아서 진실로 그것을 확충시킬 수만 있다면, 세상을 편안하게 하기에 충분하고, 실로 그것을 확충시키지 않는다면 부모를 섬기기에도 부족한 것이네."

생각의 창

사단설四端說은 맹자가 독창적으로 주창한 인성론이다. 우리에게 잘 알려진 성선설性善說이기도 하다. 성선설은 사람의 본성을 선하다고 본다. 맹자에 따르면 사람의 본성은 의지적인 확충작용에 의해 덕성으로 높일 수 있는 단서를 천부적으로 가지고 있다. 측은惻隱, 수오羞惡, 사양辭讓, 시비是非의 마음이 사단四端이며, 그것은 각각 인의예지仁義禮智의 근원을 이룬다. 맹자 정치사상의 핵심은 왕도정치王道政治인데 이는 사람의 본성이 선하기 때문에 가능하다. 즉 사람의 마음은 착하기 때문에 그 마음을 확장하여 나아가면 인의예지仁義禮智의 네 가지 덕德을 완성된다. 그리고 다시 이 덕행으로 천하의 백성들을 교화시키면 왕도정치가 실현된다.

25) 天時(천시): 일시日時의 길흉吉凶 같은 것을 가리킴.
26) 地利(지리): 산악山岳, 강화江河, 성지城池 등 공략을 저지시키는데 힘이 되는 지세 상地勢上의 이점利點.
27) 三里之城(삼리지성): 사방이 삼리三里 되는 내성內城.
28) 七里之郭(칠리지곽): 7리七里의 외성外城.
29) 堅利(견리): 병장기의 견고하고 예리함.
30) 委(위): (무기를) 버림.

孟子曰, 天時[25]不如地利,[26] 地利不如人和. 三里之城,[27] 七里之郭,[28] 環而攻之而不勝, 夫環而攻之, 必有得天時者矣, 然而不勝者, 是天時不如地利也. 城非不高也, 池非不深也, 兵革非不堅利[29]也, 米粟非不多也, 委[30]而去之, 是地利不如人和也. (「公孫丑」下)

맹자가 말하였다.

"천시天時가 지리地利만 못하고 지리地利가 인화人和만 못하다. 3리의 내성과 7리의 외성을 완전히 포위하고 공격하였는데도, 이길 수 없는 일이 있다, 이것을 완전히 포위하고 공격할 때에는 반드시 천시天時를 얻었을 것이다. 그런데도 이기지 못하는 것은 바로 천시天時가 지리地利만 못하기 때문이다. 또 성벽은 높고 성 밖의 못도 깊으며, 무기가 예리하고 군량이 풍부한데도 이것을 내버리고 가는 것은 바로 지리地利가 인화人和만 못해서이다."

 생각의 창

인화人和를 얻는 정도正道에 따른 정치의 위력을 전쟁의 조건 중 천시天時, 지리地利, 인화人和 세 가지와 비교하여 설명한 글이다. 즉 백성들을 자기의 지지자로 얻으면 천자天子가 된다고 하는 것이다.

孟子曰, 愛人[31]不親, 反[32]其仁. 治人不治, 反其智. 禮人不答, 反其敬. 行有不得者, 皆反求諸[33]己. 其身正而天下歸之. 詩云, 永言配命,[34] 自求多福.

31) 愛人(애인): 남을 아껴 줌.

32) 反(반): 돌이켜 잘 생각함. 반성함.

33) 諸(저): 지어之於가 축약된 말.(그것을… 에서.)

34) 永言配命(영언배명): 영원히. 오래도록 끊임없이.

맹자가 말하였다.

"내가 남을 사랑하는데도 그 사람이 친근하게 하지 않을 경우에는 자기의 인애仁愛가 부족한 것이 아닌가 반성해야 한다. 남을 다스려도 잘 다스려지지 않으면 자신의 지혜가 모자라지 않은가 반성해 보아야 한다. 남에게 예의를 다했는데도 그 사람이 답례答禮를 하지 않을 경우에는 자기의 경의敬意가 부족하지 않는가를 반성해야 한다. 이렇게 자기의 행동에 대해서 상대방의 태도가 기대에 어긋날 때는 언제나 자기 자신을 반성해서 그 원인을 생각해 볼 것이니, 자기 몸도 바르게 되고 천하 사람도 돌아오게 되는 것이다."

시경詩經에 이르기를

"오래도록 천명에 따라 일을 해서 스스로 끝없는 복을 구할 지니라"라고 했다.

생각의 창

일이 뜻대로 되지 않을 경우 남을 원망하지 않고, 자기 자신을 반성하여 스스로를 바로 잡아 나갈 필요가 있음을 말한 것이다. 인간의 도의道義에 있어서 성실성誠實性을 강조한 것이다.

孟子曰, 仁人心也. 義人路也. 舍其路而不由,[35] 放其心而不知求, 哀哉. 人有鷄犬, 放則知求之, 有放心而不知求. 學問之道無他,[36] 求其放心而已矣. (「告子」上)

35) 不由(불유): 여기서는 유由를 '거쳐서 가는 길'이란 뜻으로 보아, 가야할 길을 안 가다라는 뜻.

36) 無他(무타): 다른 것이 아니다. 별 것 아님.

맹자가 말하였다.

"인은 사람의 마음이고, 의는 사람의 길이다. 그 길을 버려두고 가지 않으며 그 마음을 놓아 버리고 찾을 줄 모르니, 슬프다. 사람이 닭이나 개를 가지고 있다가 놓치면 바로 그것을 찾을 줄은 알되 마음을 놓치고는 찾을 줄 모른다. 학문의 길은 다른 것이 아니다. 그 놓친 마음을 찾는 것일 따름이다."

생각의 창

맹자의 학문론學問論이 피력된 글이다. 맹자는 잃어버린 마음을 되찾는 것이 학문의 도道라고 했다. 사람은 닭과 개는 찾을 줄 알면서 자기 마음을 찾을 줄 모르는 것이 의혹이다. 학문은 바로 그것을 찾는 길이다. 즉 잃어버린 마음을 되찾는 것 자체이다. 공자孔子가 인仁을 강조한 반면, 맹자는 한걸음 더 나아가 인仁과 의義를 내세웠다. 그는 인仁은 사람의 이치요, 마음의 덕이라고 하였고, 의義는 일의 합당함이므로 사람의 바른 길이라 하였다.

개념 용어 정리

* 다음에 제시한 용어나 개념의 의미를 확인하고, 일상생활의 교양 수준에서 어떻게 활용할 수 있는지, 실천 방안을 고민해 보자.

* 仁義:
* 利:
* 五十步百步 :
* 王道:
* 四端:
* 學問
* 求其放心:

생각 넓히기

1. 『맹자』에서 말하는 왕도정치王道政治의 핵심은 어떤 것인지, 현대 민주주의 사회의 정치에 견주어 설명해 보자.
2. 사단四端과 성선설性善說의 내용을 자세하게 설명해 보자.
3. 『맹자』에서 제시한 학문學問의 의미를 자신이 생각하는 학문과 비교하여 설명해 보자.

「맹자」이해에 도움이 될 만한 책

박경환 역. 『맹자』. 서울: 홍익출판사, 2005.
성백효 역주. 『맹자집주』. 서울: 전통문화연구회, 1991.
신동준. 『맹자론』. 서울: 인간사랑, 2006.
장현근. 『맹자』. 서울: 살림, 2006.
차주환 역. 『맹자』. 서울: 명문당, 2002.

읽기자료

맹모삼천孟母三遷

어릴 때 맹자는 일찍 아버지를 여의고 어머니와 함께 묘지 근처에서 살고 있었다. 그곳에서 맹자는 늘 동네 아이들과 함께 상여를 메고 가는 흉내와 상복을 입고 곡을 하는 흉내를 내며 놀았다. 이것을 보고 장래를 걱정하던 어머니는 시장 근처로 이사를 하였다. 그러자 이번에는 맹자가 장사치들 흉내를 내며 노는 것이었다. 그곳도 교육상 오래 있을 수 없다고 판단한 어머니는 다시 이사를 했다.

서당 근처였다. 그 후 맹자는 늘 서당에서 들려오는 글 읽는 소리를 흉내내기도 하고 서당 아이들처럼 단정하게 꿇어 앉아 독서하는 놀이에 열중하였다. 그것을 본 어머니는 "이제야 내 아들을 바르게 키울 수 있는 곳으로 왔구나" 하고 속으로 매우 기뻐하였다.

맹모단기孟母斷機

열두어 살 때 맹자는 집을 떠나 타관으로 유학을 떠났다. 그러다 오랜만에 집으로 돌아 와보니 어머니가 베틀에 앉아 베를 짜고 있었다. 그는 그리움과 반가움에 "어머니"하고 불렀으나 맹자 어머니는 힐끗 한번 돌아보면서 엄격한 목소리로 "공부를 다 마치고 왔느냐?" 라고 묻자, 맹자는 "아니요, 아직 멀었어요." 라고 대답했다. 그때 맹자의 어머니는 갑자기 칼로 여러 길이나 짜놓은 베를 조금도 주저하지 않고 잘라버리고 준열히 꾸짖었다. "이것을 봐라. 네가 한창 공부해야 할 때에 도중에 중단하고 돌아 온 것은 마치 내가 이 짜던 베를 중도에 자르는 것과 다름이 없지 않느냐?" 맹자는 그 자리에서 엎드려 어머니께 사죄하고 지체 없이 하직을 고한 후 그 길로 다시 공부하러 갔다. 그리하여 오로지 학문에만 몰두하여 마침내 공자 다음 가는 유가의 명현名賢이 되었다.

이 이야기는 한漢나라 때 유향劉向이 편찬한 『열녀전烈女傳』에 전해오는 이야기로 후대에 자식 교육에 신경 쓰는 어머니들에게 많은 교훈을 주는 이야기이다.

제12장
중용中庸

성실한 것은 하늘의 도이고
성실해 지려고 노력하는 것은 사람의 길이다
誠者 天之道也
誠之者 人之道也
『中庸』 第20章

지나치지도 치우치지도 않는 일상의 도리 『중용』

『중용』은 원래 『예기』 49편 중 제31편에 수록되어 있었다. 그러나 한대漢代부터 중시되어 단행본이 되었으며 송대宋代에 와서 정자程子가 이를 존숭하고 주자에 의하여 『중용장구中庸章句』가 지어진 후 사서四書의 하나가 되었다. 『중용』은 유학의 심오한 인생철학을 담고 있는 명저로서, 성리학자들 사이에 선유先儒의 심전心傳으로 존숭되었다.

『중용』은 사마천의 『사기』 「공자세가孔子世家」와 정현鄭玄의 『삼례목록三禮目錄』 등에서 공자의 손자인 자사子思가 지었다고 전한다. 『중용』의 명칭과 의미에 대해 정이程頤는 "치우치지 않음을 중이라 하고, 바뀌지 않음을 용이라 한다"고 했고, 주자는 정자의 논의를 인용하여 "치우치지 않고 기대지 않아, 지나침도 미치지 못함도 없는 평상의 도리"라고 정의했다.

중용사상의 핵심은 '중中'에 있다. '중'이란 말은 원래 깃발旗의 모습을 상형象形한 것으로 중앙中央·중심中心·적중的中 등의 뜻

中 가운데 중
庸 쓸 용
章 글 장
句 글귀 구
旗 깃발 기
的 과녁 적

理 다스릴 리
變 변할 변
當 당할 당
極 다할 극

이 있다. 그러나 정주학程朱學에서 말하는 '중'은 덮어놓고 중간을 뜻하는 것은 아니다. 즉 일정한 두 지점 사이의 정 가운데를 가리키는 것이 아니다. '중'은 그런 기계적이고 물리적인 가운데가 아니라는 말이다. 사람과 사람, 또는 사람과 사물 사이에 발생하는 문제에서 누구에게나 가장 알맞은 도리道理가 바로 중이다.

따라서 상식적인 의미에서 이것도 저것도 아닌 무사안일주의나 소극적인 처세관을 '중中'이라 하면 잘못된 생각이다. 안이한 타협이나 절충은 '중'이 될 수 없다. 이런 행위는 사이비중용似而非中庸이다. 정자는 중용을 "중은 천하의 정도요, 용은 천하의 정리"라고 했다. 다시 말하면 중용은 올바르지 않은 도리에 대한 저항과 정해진 이치가 아닌 것에 대한 거부의 의미를 지닌다.

'중'은 시간이 바뀌고 사물 간의 차이와 변동에 따라 거기에 알맞은 도리를 말한다. '중'은 평범한 일상의 일 가운데 변통성變通性 있는 타당妥當의 극치極致이다. 이를 다른 표현으로 하면 지선至善의 경지境地이다. '용'은 언제 어디에나 있고 영원불변하다는 뜻이다. 그러므로 중용中庸의 도는 가장 평범하면서도 수준 높은 덕의 수양이 있어야만 올바로 행할 수 있다.

『중용』은 모두 33장으로 되어 있다. 제1장은 인성철학의 요지가 담겨있고, 2장 이하는 공자의 말이나 고전에 나오는 사례, 또는 시 같은 것을 인용하면서, 제1장의 요지를 짜임새 있게 해명하고 있다.

원문 맛보기

天命[1]之謂性,[2] 率性之謂道, 修道之謂敎. 道也者, 不可須臾[3]離也. 可離非道也. 是故君子戒愼[4]乎其所不睹, 恐懼乎其所不聞. 莫見乎隱, 莫顯乎微, 故君子愼其獨也. (第1章).

하늘이 인간에게 부여한 것을 본성이라 하고, 본성에 따르는 것을 도라고 하며, 도를 닦는 것을 교라 한다. 도는 잠시라도 인간을 떠날 수 없는 것이니, 떠날 수 있는 것은 도가 아니다. 그러므로 군자는 그 보이지 않는 곳에 삼가고, 그 들리지 않는 곳에 두려워한다. 속에 넣어 둔 것보다 더 잘 드러나는 것은 없고, 숨어 있는 것보다 더 잘 나타나는 일은 없다. 그러므로 군자는 그 홀로 있음을 삼간다.

생각의 창

이 세 구절은 인간의 존재 근거와 삶, 교육의 방식을 잘 보여주는 유학의 총 강령이다. '하늘이 명한 것을 성' 이라고 하는 것은 유학에서 인본주의의 요체가 되는 진리이고, '성을 따르는 것을 도' 라고 하는 것은 덕에 나아가 학문을 연마하는 공부의 요체가 되는 근본이며, '도를 닦는 것을 교' 라고 하는 것은 교화와 정치의 요체가 된다. 이런 점에서 인간은 자연의 질서를 체현한 존재이자 성선을 확충하는 교육적 존재이다.

1) 天命(천명): 하늘이 사람에게 부여한 것.
2) 性(성): 사람의 본성. 성은 만들어진 것이 아니라 자연적으로 생성된 것을 말함. 즉, 선천적으로 생성된 것을 말함.
3) 須臾(수유): 잠깐 사이. 잠깐 동안. 아주 짧은 시간을 말함.
4) 戒愼(계신): 경계하고 삼가 하다.

〈하늘과 사람의 관계〉

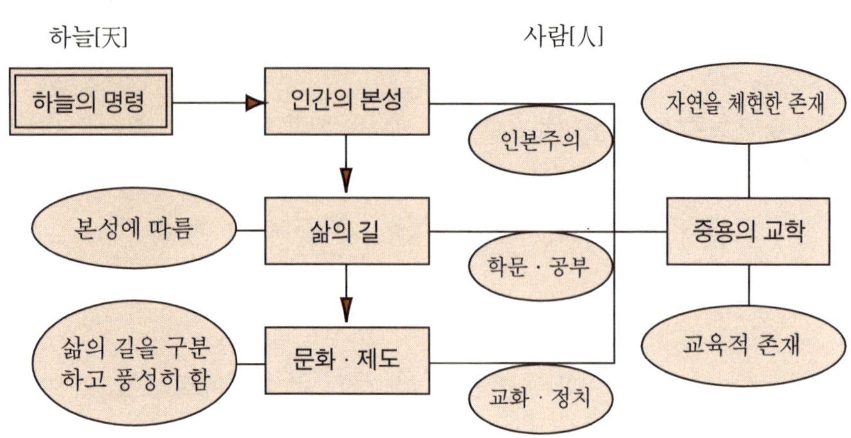

喜怒哀樂之未發,[6] 謂之中.[7] 發而皆中節,[8] 謂之和.[9] 中也者, 天下之大本也. 和也者, 天下之達道[10]也. 致[11]中和, 天地位[12]焉. 萬物育焉. (第1章)

희喜 · 노怒 · 애哀 · 락樂이 아직 발동되어 나오지 않은 상태를 중이라 하고, 이미 발동되어 절도에 맞는 것을 화라고 한다. 중은 세상의 큰 근본이고, 화는 세상의 공통되는 도리이다. 중화中和를 지극히 하면, 세상이 자리 잡히고 만물萬物이 제대로 길러진다.

6) 未發(미발): 희 · 노 · 애 · 락의 감정이 나타나지 않은 상태. 즉 본성 그대로의 상태.
7) 中(중): 인간의 마음에 잠재하여 있는 본성性 그 자체를 말함
8) 中節(중절): 중中은 적중的中. 절節은 절도節度.
9) 和(화): 정情이 알맞게 나타나는 것.
10) 達道(달도): 통용通用되는 도. 통달通達되는 도.
11) 致(치): 극진하게 하다.
12) 位(위): 바르게 자리잡히다.

생각의 창

인간의 희노애락의 감정이 나타나지 않은 상태를 중이라고 한다. 즉 우리의 마음이 대상과의 교섭이 없어 어떤 작용도 일어나지 않는 상태이다. 이때 인간의 마음은 어느 쪽으로도 치우치지 않는다. 그러나 인간의 마음은 외부의 사물과 접촉하지 않을 수 없다. 따라서 마음이 대상과의 교섭에서 작용될 때, 때와 장소, 상황에 따라 절도를 잃지 않는 것이 중요하다. 절도를 지키는 것이 바로 화이다.

天下之達道[13]五, 所以行之者三. 曰, 君臣也, 父子也, 夫婦也, 昆弟也, 朋友之交也, 五者, 天下之達道也. 知,[14] 仁,[15] 勇,[16] 三者, 天下之達德[17]也. 所以行之者一[18]也. (第20章)

세상의 공통되는 도가 다섯인데, 그것을 행하게 하는 것은 셋이다. 군신君臣 · 부자父子 · 부부夫婦 · 형제兄弟 · 붕우朋友의 사귐, 이 다섯은 세상의 공통된 되리이고, 지知 · 인仁 · 용勇, 이 셋은 세상의 공통되는 덕목이다. 그것을 행하게 하는 것은 하나이다.

생각의 창

오륜五倫의 초기 모습과 유명한 덕목인 지인용智仁勇에 대한 언급이다. 오륜은 인간 세상의 공통적인 도리이고, 지인용은 보편적인 덕목이다. 이는 인간이 보편적으로 참여하는 올바른 인간관계 실현의 길이다. 사람과 사람이 공생하고 공존하려면 마땅히 함께 지켜야 할 도리와 원칙이 있는데, 이것이 바로 '도道'이다. 군신君臣과 부자父子는 상하관계요, 부부夫婦는 좌우관계, 형제兄弟는 전후관계, 붕우朋友는 좌우전후관계로 모두 다 사람 사이의 관계망이다. 여기에는 관계에 따라 마땅히 지켜야 할 도리가 있다. 지인용은 이 도리를 실천하는 덕목이다.

凡爲[19]天下國家有九經, 曰, 修身也, 尊賢也, 親親也, 敬大臣也, 體[20]群臣也, 子[21]庶民也, 來百工也, 柔遠人也, 懷諸侯也.修身則道立, 尊賢則不惑,[22] 親親則諸父昆弟不怨, 敬大臣則不眩,[23] 體群臣則士之報禮[24]重, 子庶民則百姓勸, 來百工則財用[25]足, 柔遠人則四方歸之, 懷諸侯則天下畏之. (第20章)

13) 達道(달도): 인간이 공동으로 따라야 하는 길.

14) 知(지): 관찰 · 사고 · 판단을 말함. 지知는 인仁을 알기 위함.

15) 仁(인): 인도人道을 몸소 행함.

16) 勇(용): 지知와 인仁에 의해서 행하는 결단. 적극적 행위를 말함.

17) 達德(달덕): 사람마다 마땅히 지니고 있는 덕성德性.

18) 一(일): 성誠을 말함.

19) 爲(위): 치리治理(다스림)의 뜻.

20) 體(체): 자신이 그 사람의 입장에 서서 그 사람의 처지나 마음을 살펴 생각하는 일.

21) 子(자): 자식처럼 사랑하다.

22) 不惑(불혹): 이치에 의혹하지 않음.

23) 不眩(불현): 일에서 혼란스럽지 않음. 대신大臣을 공경하면 신임이 두터워 아래의 신하들이 이간질 할 수 없기 때문에 어떤 일을 해도 혼란스럽지 않음.

24) 報禮(보례): 보답하는 예禮.

25) 財用(재용): 재물의 쓰임. 재정財政을 말함.

대체로 온 세상 나라를 다스리는데, 아홉 가지 변함없는 법칙이 있다. 그것은 몸을 닦음과 훌륭한 사람을 존경함, 친족을 친애함, 대신大臣을 공경함, 군신群臣들의 마음과 생각을 살펴 생각함, 백성을 아들같이 사랑함, 여러 기술자들을 와서 모이게 함, 먼 곳의 백성을 위로함, 제후를 품어주는 일이다. 몸을 닦으면 도리가 확립되고, 훌륭한 사람을 존경하면 의혹이 없게 되고, 친족을 친애하면 부모형제가 원망하지 않게 되고, 대신을 공경하면 미혹하지 않게 되고, 여러 신하를 보살피면 그들의 보답이 무겁게 되고, 백성들을 자식처럼 사랑하면 백성들이 받들기를 권면하게 되고, 여러 기술자를 와서 모이게 하면 재물의 쓰임이 풍족하게 되고, 먼 곳의 백성을 위로하면 사방에서 돌아오게 되고, 제후를 품어주면 온 세상이 두려워하게 된다.

생각의 창

정치에 필수적인 아홉 가지 불변의 법칙을 나열한 것이다. 이 세상, 나라를 다스리는 근본은 지도자가 어떻게 하느냐에 달려 있다. 따라서 지도자의 수신修身이 핵심이 된다. 그리고 반드시 스승을 잘 모셔야 수신이 진전되므로 존현尊賢이 그 다음이 되고, 자기 집안을 잘 다스려야 나라나 이 세상을 다스릴 수 있으므로 친친親親이 그 다음이 된다. 나머지 조목도 이와 같은 맥락에서 차례대로 달성되어야 한다.

誠者,[26] 天之道也. 誠之者,[27] 人之道也. 誠者, 不勉而中, 不思而得,[28] 從容中道,[29)30] 聖人也. 誠之者, 擇善而固執之者也. (第20章)

성실한 것은 하늘의 도道이고, 성실해지려고 노력하는 것은 사람의 길이다. 성실한 자는 힘쓰지 않아도 적중하며, 생각하지 않아

26) 誠(성): 진실(성실)하고 망령됨이 없음. 천리天理의 본연本然.

27) 誠之(성지): 성실해 지려는 것. 성지誠之는 진실하고 망령됨이 있기에 진실하고 망령됨이 없고자 하는 노력으로 인사人事의 당연當然함.

28) 得(득): 깨달음을 얻는 것.

29) 從容(종용): 애쓰거나 서두르지 않고 자연스러운 행동 그대로.

30) 中道(중도): 도道에 꼭 맞음.

도 터득하며, 가만히 도에 맞으니, 성인이다. 성실해지려고 노력하는 자는 선善을 가려 굳게 잡는 자이다.

생각의 창

성인聖人의 덕德은 하늘의 이치, 즉 천리天理이다. 따라서 진실하고 망령됨이 없다. 생각하고 힘쓰지 않아도 저절로 도道에 맞다. 성인의 경지에 이르지 못하면 인간은 욕심에 사로잡힌다. 그러므로 그 덕이 진실할 수가 없다. 때문에 반드시 선善을 택한 뒤에야 선을 밝게 알 수 있고, 굳게 잡고 노력해야 자신을 성실한 인간으로 성숙할 수 있다. 이것이 이른바 사람의 길이다.

博學之, 審問之, 愼思之, 明辨之, 篤行之[31). 有弗學, 學之弗能弗措也. 有弗問, 問之弗知弗措也. 有弗思, 思之弗得弗措也; 有弗辨, 辨之弗明弗措也. 有弗行, 行之弗篤弗措也. 人一能之, 己百之; 人十能之, 己千之[32). 果能此道矣, 雖愚必明, 雖柔必强. (第20章)

널리 배우며, 자세하게 물으며, 신중히 생각하며, 분명하게 판단하며, 독실하게 행할 것이다. 배우지 아니함이 있을지언정 배울 바엔 능숙하지 않고서는 그만두지 아니하며, 묻지 아니함이 있을지언정 물을 바엔 알지 않고서는 그만두지 아니하고, 생각하지 아니함이 있을지언정 생각할 바엔 얻지 않고서는 그만두지 아니하고, 변별하지 아니함이 있을지언정 변별할 바엔 밝게 하지 않고서는 그만두지 아니하고, 행하지 아니함이 있을지언정 행할 바엔 독실해지지 않고서는 그만두지 않으며, 남이 한 번에 능숙하거든 자신은 백 번을 하고, 남이 열 번에 능숙하거든 자신은 천 번을 할 일이다. 과감히 이런 도를 능숙히 해낸다면 어리석은 사람이라도 반드시 밝아질 것이며, 비록 유약한 사람일 지라도 반드시 강해질 것이다.

31) 이것은 성실히 하는 조목. 배우고 묻고 생각하고 분별함은 선善을 택하는 것으로써 지智가 되므로 배워서 아는 것이고, 독실히 행함은 굳게 잡는 것으로써 인仁이 되므로 이롭게 여겨 행하는 것.

32) 군자의 배움은 하지 않으면 그만이거니와 할진댄 반드시 그 완성을 요함. 그러므로 항상 그 공부工夫를 100배로 하는 것이니, 이는 애써서 알고 힘써서 행하는 자이니, 용勇의 일.

생각의 창

널리 배우고, 자세하게 묻고, 신중히 생각하고, 분명하게 판단하며, 독실하게 행하는 것은 인생 공부의 실천 원리이다. 훌륭한 사람이 되기 위해서는 욕심으로 무너진 잘못된 기질氣質을 변화變化해야 한다. 훌륭한 덕성이 그릇된 기질을 극복하면 어리석은 자가 밝음에 나아가고, 유약한 자가 강함에 나아갈 수 있다. 그렇지 못할 경우, 배움에 뜻을 두더라도 어리석은 자는 밝아지지 못하고, 유약한 자는 서지 못한다. 사람의 본성은 선善하고 악惡함의 구분이 없이 동일하다. 다만 인간의 재질才質이 어둡고 밝고, 강하고 약함의 차이가 있을 뿐이다. 앞에서 말한 성실히 하려는 노력은 착한 본성을 회복하고 그릇된 기질이나 약한 자질을 올바르고 강하게 변화시키는 것이다. 아름답지 못한 자질을 변화시켜 아름다워지기를 구하는데 남보다 100배로 노력해야만 한다.

개념 용어 정리

* 다음에 제시한 용어나 개념의 의미를 확인하고, 일상생활의 교양 수준에서 어떻게 활용할 수 있는지, 실천 방안을 고민해 보자.

* 中庸:
* 性-道-敎:
* 五達道 三達德:
* 誠者 誠之者:
* 博學-審問-愼思-明辨-篤行:
* 嘉賓:

생각 넓히기

1. 『중용』에서 말하는 인간의 본성은 성선설과 같은 맥락이다. 순자荀子처럼 성악설을 말하는 학자도 있는 데, 자신이 생각하는 인간의 본성은 어떤지 비판적으로 설명해 보자.
2. 『중용』은 오달도五達道와 삼달덕三達德으로 인간의 보편적 도리와 덕성을 설명하고 있다. 이를 참고로 민주주의 사회에 요구되는 인간의 보편적 도리를 '신新오달도'와 '신 삼달덕'으로 구성해 보자.
3. 박학博學과 심문審問, 신사愼思와 명변明辨은 '학문學問'과 '사변思辨'으로 줄여 쓸 수 있다. 현대적 의미에서 학문과 사변에 대한 자신의 생각을 제시해 보자.

『중용』이해에 도움이 될 만한 책

강병창 역. 『중용』. 서울: 명문당, 2004.

김수길 편역. 『중용』. 서울: 대유학당, 2001.

김충렬. 『김충렬교수의 중용대학강의』. 서울: 예문서원, 2007.

박완식. 『중용』. 서울: 여강출판사, 2005.

양방웅. 『중용과 천명』. 서울: 예경, 2006.

읽기자료

인격교육의 길

인생의 시기는 크게 셋으로 구분할 수 있다. 첫 번째가 어리고 젊은 시기, 두 번째 단계는 한창 일하는 시기인 어른다운 장년기, 마지막 단계가 황혼 무렵의 노년기이다. 인격교육은 인간의 심신 자체를 보존하는 것이 일차적인 임무이다. 그런데 인간의 일상생활에서 생명은 물리적 한계를 안고 있게 마련이다. 이중 혈기는 생물학적으로 인간의 몸에 의지한다. 따라서 젊었을 때는 불안한 상태를 보이고, 장년이 되면 어느 정도 안정된다. 그리고 인간은 나이가 듦에 따라 저절로 쇠약해진다. 인간은 생명력을 잘 보존하기 위해 청소년 시기에는 여색을, 장년 시기에는 싸움을, 노년기에는 재물에 대한 욕망을 조절해야 한다. 여색이나 싸움, 재물에 대한 욕망은 인간의 의지와 수양에 따라 달라진다. 중요한 것은 자기의 의지이다.

인격교육에 힘썼던 선인들은 인간의 언어와 사유, 행위의 측면을 고민하면서 어느 한쪽으로 치우치는 것을 우려하였다. 배우기만 하고 생각하지 않으면 얻음이 없고, 생각하기만 하고 배우지 않으면 위태롭다. 배움과 생각은 늘 서로를 추동시켜 상승 작용을 일으켜야 한다. 그래야 자기 발전이 있다.

배움(學)과 생각(思)은 상호 협조와 제약의 긴장 관계를 지닌 교육 실천의 방법이다. 학은 학습이고, 사는 추리하고 사색함으로써 학습에 의하여 얻어진 것을 재구성하고 경험이나 서적, 스승에게서도 얻을 수 없는 것들을 주체적 입장에서 독창적으로 만들어 내는 일이다. 그러므로 학은 주로 외부로부터 깨닫거나 획득된다면, 사는 내부로부터 얻어지는 것으로 이해할 수 있다. 이러한 학과 사의 방법이 인격의 완성이나 인간됨의 기초로 연결된다.

그것의 구체적 실천 방안이 『중용』의 유명한 박학博學 · 심문審問 · 신사愼思 · 명변明辯 · 독행篤行이다. 광범위하게 배우고, 자세하게 물으며, 깊이 생각하고, 분명하게 분별하며, 최선을 다해 실천하는 작업.

우리가 흔히 쓰는 학문學問이라는 말이 널리 배우고 자세하게 묻는 박학博學의 학과 심문審問의 문을 따서 만든 개념이다. 공부에서는 실제로 배우고 묻는 것이 가장 중요하다. 배우고 물을 줄 모르는 사람은 공부할 줄 모르는 사람이다. 마치 모든 것을 알고 있는 것처럼 팔짱끼고 앉아 있는 사람들은 공부하는 태도면에서 좋은 것이 아니다. 그리고 사변思辨이라는 말도 많이 쓰는데, 그것은 신사愼思의 사와 명변明辯의 변을 합친 용어이다. 이 학문과 사변은 착한 것이 무엇인지 선택하는 지식의 문제와 연결된다. 그리고 마지막의 독행篤行은 그것을 굳게 잡아 실천하는 행위의 문제이다. 요약하면 지식과 그것을 실천하는 문제이다. 이것은 궁극적으로 인간의 격, 인격을 기르는 방법이다.

이때 중요한 점은 성실함(誠)을 추구하는 방법이 타인에 대한 배려와 때「상황」에 있다는 것이다. 나의 인격이 이미 이루어졌다면 동시에 타인에게도 영향을 미쳐 타인의 인격도 완성할 수 있다. 그것이 지식을 발판으로 하는 지혜의 소산이다. 나를 이루고 남을 이루었으니 안과 밖, 개인적 · 사회적 도의가 합쳐진 것이다.

인간이 인격의 성숙이라는 길을 걸어가는 방법의 핵심은 자기 충실과 믿음에 있다. 성실하지 않다면 상대방이 믿어주지 않고, 스스로 어디로 가야할지 알지 못하게 된다. 그리고 일상에서 지나친지 미치지 못하는지, 스스로 잘못을 깨달아 고쳐나가는 데 인격교육의 길이 있다. 그것이 중용의 길이다.

제13장
역경易經

한번 음하고 한 번 양하는 것을 도道라고 한다
이것을 잇는 것이 선善이요
이것을 이루는 것이 성품性品이다
어진 자는 이것을 보고 인仁이라 하고
지혜로운 자는 이것을 보고 지知라고 한다

一陰一陽之謂道
繼之者 善也
成之者 性也
仁者 見之謂之仁
知者 見之謂之知
『周易』「繫辭傳」上

동양 최고의 철학서 『역경』

『역경』은 원래 점치는 책이었다고 한다. 그것이 나중에 철학 사상 혹은 의리를 담고 있는 책으로 이해되었다. 역은 중국 고대의 전설상의 제왕인 복희伏犧와 문왕文王, 주공周公이 만들었다고 한다. 복희는 천지의 만상을 관찰하여 처음 8괘를 만들었다. 그리고 이를 곱쳐서(8×8) 64괘를 만들었다. 『역경』이 생긴 것은 은나라 말기에 주나라의 덕이 융성해질 때, 문왕과 주紂와의 일에 관계된다고 전해진다. 즉 문왕은 주에 의해서 유폐되었으나 그 어려운 가운데서도 괘사卦辭를 썼고, 문왕의 아들 주공이 이를 보충하여 효사爻辭를 썼다고 한다. 그리고 공자도 만년에 역을 매우 좋아했으며 십익十翼을 지었다고 전해 온다.

犧 숨 희
卦 걸 괘
爻 육효 효
翼 날개 익

易 바꿀 역
占 차지할 점
筮 점대 서
數 셀 수

'역'에는 연산역連山易, 귀장역歸藏易, 주역周易의 세 가지가 있었다. 연산역은 복희나 신농神農에서 나와 하夏왕조에서 씌어졌고, 귀장역은 황제黃帝나 신농에서부터 시작하여 은殷왕조에서 씌어졌으며, 주역은 열산씨列山氏나 황제에게서 나와 주나라 때 씌어진 것이라고 한다. 이중 오늘날 우리에게 일반적으로 전해지고 있는 역은 『주역』이다.

『주역』은 주나라의 역으로 전체적으로 64괘卦로 성립되어 있다. 점서占筮도 이 64괘에 의해 행해진다. 64괘의 모양은 8괘를 기본으로 이루어진다. 8괘의 근원은 음陰(⚋)과 양陽(⚊)의 부호에 있다. 이 음과 양의 부호가 무엇을 의미하는 지는 정확하지 않다. 곽말약郭沫若은 남녀의 생식기를 상징한 것으로 보았다. 고형高亨은 점칠 때 사용한 대나무나 시초에서 유래한다고 보았는데, ⚊은 한 마디 대나무대의 상징이고 ⚋는 두 마디 대나무대의 상징이라고 한다. 일본의 학자들은 거북 껍질이 갈라진 모양이라고도 했다. 또 어떤 사람은 ⚊은 고대의 상형문자인 일日의 변형이고, ⚋은 월月의 변형으로 보기도 한다. 또한 수數와 관련지어 일一(1)과 이二(2), 즉 기수奇數와 우수偶數를 나타낸 것으로 이해하기도 한다. 기수는 양이고 우수는 음이다. 음양을 하나씩 써서 두 개의 쌍을 만들면, 네 가지 변화(⚌, ⚍, ⚎, ⚏)가 나타난다. 여기에 한 개를 더 보태 셋으로 조합을 하면 여덟 가지 변화를 이룬다. 이것이 8괘(☰, ☱, ☲, ☳, ☴, ☵, ☶, ☷)이다. 여기에서 비로소 역에서 말하는 괘가 생겼다. 이 괘를 다시 8번 변화시킨 것이 64괘가 된다.

이 괘로서 나타내는 뜻을 괘상卦象이라고 한다. 역은 성인이 우주 자연 현상을 관찰하여 괘의 형태로 상징한 것이다. 그러므로 이 속에는 천지天地 자연 현상이 핵심적으로 담겨 있다. 이것이 인간에게 적용될 때, 부모父母나 몸의 각 부위에 배당되기도 한다. 또한 8괘에는 제 각각의 성질이 배당되어 있는 데, 그 대강은 다음 도표 〈8괘의 상象과 덕德〉에서 보는 바와 같다.

64괘는 이 8괘를 곱쳐서 변한 것으로 저마다 상징적인 의미가 있다. 다만 8괘와 다른 것은 효爻라는 개념이 나온다는 것이다. 효는 --과 —으로 나타내고 있는 하나하나의 명칭이다. 64괘에는 저마다 여섯 개의 효가 있다. 그러므로 역의 전체 효는 64괘× 6효 = 384효가 된다. 효는 '여기에서 배운다' 고 하고, 상은 '여기에서 본뜬다' 고 하여, 안에서 움직여 길흉이 밖으로 나타난다. 6효는 아래로부터 위로 세는 데, 아래 세 획을 내괘內卦라고 하고 위의 세 획을 외괘外卦라고 부른다. 효는 아래에서부터 초初, 이二, 삼三, 사

內 안 내
初 처음 초
外 바깥 외

〈8괘의 상象과 덕德〉

괘이름	건乾	곤坤	진震	손巽	감坎	리離	간艮	태兌
괘모양	☰	☷	☳	☴	☵	☲	☶	☱
상징	하늘 天	땅 地	우뢰 雷	바람 風 나무 木	물 水 비 雨 구름 雲 샘 泉	불 火 해 日 번개 電	산 山	연못 澤
사람	아버지 父	어머니 母	장남 長男	장녀 長女	중남 中男	중녀 中女	소남 少男	소녀 少女
몸부위	머리 首	배 腹	발 足	넓적 다리 股	귀 耳	눈 目	손 手	입 口
짐승	말 馬	소 牛	용 龍	닭 鷄	돼지 豕	꿩 雉	개 狗	양 羊
괘덕 卦德	강건함 建	순함 順	움직임 動	들어감 入	빠짐 險	빛남 麗	그침 止	기뻐함 說
방위	서북 西北	서남 西南	동 東	동남 東南	북 北	남 南	동북 東北	서 西

簡 대쪽 간
彖 단사 단
繫 맬 계

四, 오五, 상上이라고 부른다. 그런데 양(—)효에는 구九를 음(--)효에는 육六을 덧붙여 부른다. 예컨대, 양효는 초구, 구일, 구이, 구삼, 구사, 구오, 상구라 하고, 음효는 초육, 육이 육산, 육사, 육오, 상육이라고 한다.

이러한 변화(change)에 기초하는 역은 세 가지 의미가 있다고 한다. 첫째는 '간이簡易'로 간단하고 쉬운 것, 둘째는 '변역變易'으로 변하는 것, 셋째는 '불역不易'으로 바뀌지 않는 것이다.

『주역』은 경經과 전傳 두 부분으로 나뉘어진다. 경은 괘사와 효사가 핵심을 차지한다. 즉 괘사와 효사를 보고 길흉을 점치는 것이다. 전에는 「단전彖傳」 상·하, 「상전象傳」 상·하, 「문언전文言傳」, 「계사전繫辭傳」 상·하, 「설괘전說卦傳」, 「서괘전序卦傳」, 「잡괘전雜卦傳」 등 10편이 있다. 이를 십익十翼이라 하는 데, 공자가 지었다고 한다.

이러한 주역을 이해하는 방식은 다양하다. 단순히 점서로서 보는 측면이 있는가 하면, 인간의 의리에 빗대어 해석하기도 하고, 숫자의 조합이나 도상으로 풀이하기도 한다. 현대 사회에서도 각자의 이해관계에 따라 역을 해석하는 방식은 다양하게 열려 있다.

원문 맛보기

乾(乾爲天)

☰ 乾上
☰ 乾下

乾, 元亨利貞.[1]

건은 크게 형통하고 곧아야 이롭다.

생각의 창

건괘에 해당하는 사람은 모든 일이 형통하여 잘된다. 그러나 곧고 바름을 잃지 말아야 한다..원형이정元亨利貞은 원래 문왕이 만든 효사인데, 한 괘의 길흉을 판단한다. 이것이 단사彖辭이다. 원元은 큰 것, 형亨은 형통한 것, 이利는 마땅한 것, 정貞은 바르고 곧은 것을 의미한다. 문왕은 건乾의 도道를 크게 형통하고 지극히 바르다고 보았기 때문에, 점을 쳤을 때, 이 괘를 얻으면 6효가 모두 변하지 않고, 그 점은 반드시 형통함을 얻어서 반드시 이로움이 바르고 곧은 데 있다고 여겼던 것이다. 이 외의 다른 괘도 이런 이치에 따른다.

初九,[2] 潛龍, 勿用.

초구는 물속에 잠겨 있는 용이다. 함부로 쓰지 말아야 한다.

1) 乾(건): 하늘의 성정性情을 뜻함.
元亨利貞(원형이정): 괘의 길흉을 판단하는 괘사卦辭.

2) 初九(초구): 맨 아래에 있는 양효(━)를 말함.

생각의 창

주공이 지었다는 효사爻辭로 한 효의 길흉吉凶을 판단한다. 잠潛은 감춘다는 뜻이고, 용은 양물陽物이다. 초양初陽이 아래에 있으면 쓸 수가 없기 때문에 그 형상을 물속에 숨어 있는 용(潛龍)이라고 한 것이다. '쓰지 말라'고 한 것은 대체로 건乾을 만나야 이 효가 변하기 때문에, 마땅히 형상을 보아서 점을 치라는 것이다.

九二,[3] 見龍在田,[4] 利見大人.

3) 九二(구이): 아래에서 두 번째에 있는 양효.
4) 見(현): 나타나다. 田(전): 땅 위.

구이는 나타난 용이 밭에 있다. 대인을 봄이 이로울 것이다.

생각의 창

성인이 차츰 세상에 나타나는 것에 비유하였다. 아직 임금 자리에 오르지는 않았다 하더라도, 천하 사람들이 모두 이 대인을 보는 데 이롭다는 말이다.

九三, 君子, 終日乾乾,[5] 夕惕若,[6] 厲,[7] 无咎.[8]

5) 乾乾(건건): 굳세고 굳셈. 즉 종일토록 부지런함을 의미함.
6) 惕若(척약): 두려워하다. 즉 반성하다는 의미.
7) 厲(려): 위태롭다.
8) 无咎(무구): 허물이 없다. 무无는 무無·무毋와 같은 자.

구삼은 군자가 종일토록 부지런히 노력하고, 저녁에 반성하여 두려워하면, 위태로운 일이 있어도 허물은 없을 것이다.

생각의 창

구九는 양효이고 삼三은 홀수이므로 양위陽位이다. 강剛이 거듭되어 중정中正하지 못하고, 아래 괘의 위에 있으니 위태롭다. 하지만 성품이나 체질이 강건해서 부지런히 노력하고 반성할 줄 알기 때문에 허물이 없을 것이다.

九四, 或躍在淵,[9] 无咎.

구사는 혹 뛰어서 연못 속에 있으니, 허물이 없을 것이다.

생각의 창

주저하고 아직 앞으로 나가지 못하고 있는 형국이다. 이것을 용이 날려고 해도 날지 못하고 깊은 못 속에서 뛰는 것에 비유했다. 구는 양이고 사四는 짝수이므로 음이다. 위의 괘 맨 아래에 있어 혁신이 요구되는 데, 나가고 물러날 것을 정하지 못하고 머뭇거린다. 점괘로 볼 때, 때를 따라서 나아가고 물러나면 허물이 없다는 것이다.

9) 或(혹): 아직 의심하고 결정하지 못한다는 말. 躍(약): 의지할 곳이 없어서 땅에 떨어져 날지 못하는 것.

九五, 飛龍在天, 利見大人.

구오는 나는 용이 하늘에 있다. 대인을 봄이 이로울 것이다.

생각의 창

성현이 덕이 있어 왕 노릇을 하는 데 비유했다. 대인이 하늘 위에서 넓게 덕을 베푸니, 세상 사람들이 모두 그를 우러러 본다는 의미이다.

上九, 亢龍, 有悔.[10]

상구는 높게 있는 용이니, 뉘우침이 있을 것이다.

10) 亢(항): 높다. 悔(회): 뉘우치다.

생각의 창

항亢은 높은 곳으로 올라갈 줄만 알고, 내려올 줄 모르는 경우이다. 이런 자세는 후회가 따르게 마련이다. 즉 세력이 극단에 이르면 오히려 뉘우침이 있다.

文言曰, 元者, 善之長也. 亨者, 嘉之會也. 利者, 義之和也. 貞者, 事之幹也. 君子, 體仁, 足以長人. 嘉會, 足以合禮. 利物, 足以和義. 貞固, 足以幹事. 君子, 行此四德者, 故曰, 乾, 元亨利貞.

문언에 말하였다. 원이란 착한 일의 어른이다. 형이란 아름다움의 모임이다. 이란 의리의 화락함이다. 정이란 일의 줄기이다. 군자가 어진 일을 체득하는 것이 사람의 어른이 된다. 모임을 아름답게 함이 예에 합한다. 물건을 이롭게 함이 의리에 화합한다. 바르고 굳음이 일을 주장한다. 군자는 이 네 가지 덕을 행한다. 그러므로 건乾은 원형이정元亨利貞이라고 한 것이다.

생각의 창

원형이정元亨利貞은 생명의 과정으로 볼 수 있다. 원元은 생물의 시작으로서, 천지의 덕이 이보다 더 앞서는 것이 없다. 그러므로 계절에 비유하면 봄이 되고 사람의 덕으로 보면 어진 것(仁)이 되어, 모든 착한 것의 어른이 된다. 형亨은 생물의 형통한 것으로 물건이 여기에 이르면 아름답지 않은 것이 없다. 계절로 치면 여름이 되고, 사람에 적용하면 예禮가 된다. 이利는 생물의 결실이다. 물건이 제각기 마땅한 바를 얻어 방해하지 않기 때문에 계절로는 가을에 해당하고, 사람에게서는 의義가 되어 나누는 것을 고르게 한다. 정貞은 생물이 이루어지는 것으로 실제로 이치가 구비되고 어디서나 족하기 때문에, 계절로 치면 겨울이 되고 사람에게서는 지혜(智)에 해당되어 모든 것의 근간이 된다.

天尊地卑,[11] 乾坤定矣. 卑高以陳, 貴賤位矣. 動靜有常, 剛柔斷矣. 方以類聚,[12] 物以群分, 吉凶生矣. 在天成象,[13] 在地成形,[14] 變化見矣.[15] 是故, 剛柔相摩,[16] 八卦相盪. 鼓之以雷霆, 潤之以風雨, 日月運行, 一寒一暑. 乾道成男, 坤道成女. 乾知大始, 坤作成物. 乾以易知, 坤以簡能. 易則易知, 簡則易從, 易知則有親, 易從則有功, 有親則可久, 有功則可大, 可久則賢人之德, 可大則賢人之業. 易簡而天下之理, 得矣.[17] 天下之理, 得而成位乎其中矣. (「繫辭傳」 上, 第1章)

하늘은 높고 땅은 낮아서 건곤乾坤이 정해졌다. 낮고 높은 것이 베풀어져 귀하고 천한 것이 자리했다. 움직이고 고요한 것이 일정함이 있어 강한 것과 부드러운 것이 판단된다. 방위는 동류끼리 모이고, 물건은 무리끼리 나누어지니 길하고 흉한 것이 생긴다. 하늘에는 상象을 이루고 땅에는 형체를 이루니 변화가 나타났다. 그러므로 강하고 부드러운 것이 서로 마찰하여 팔괘가 서로 섞였다. 우뢰와 번개로 두드리며, 바람과 비로 적시며, 해와 달이 운행하며, 한번은 춥고 한번은 덥다. 건의 도는 남자를 이루고, 곤의 도는 여자를 이룬다. 건이 크게 시작함을 주관하고, 곤이 물건 이룸을 만든다. 건은 쉬움으로써 주관하고, 곤은 간편함으로써 능숙하다. 쉬우면 알기 쉽고, 간편하면 따르기 쉬우며, 알기 쉬우면 친함이 있고, 따르기 쉬우면 공이 있으며, 친함이 있으면 오래할 수 있고, 공이 있으면 클 수 있으며, 오래할 수 있으면 어진 사람의 덕이고, 클 수 있는 것은 어진 사람의 업적이다. 쉽고 간편하게 해서 천하의 이치를 얻는다. 천하의 이치를 얻으면 그 가운데서 지위를 이룰 것이다.

11) 天尊地卑(천존지비): 하늘은 높고 땅은 낮다. 즉 역易이 자연의 이치를 본받았음을 의미함.

12) 方(방): 착하고 악하고 사악하고 바른 것이 나가는 방향.

13) 象(산): 일월성신日月星辰의 상象.

14) 形(형): 산천과 동물, 식물 등 땅의 형상.

15) 變化(변화): 음이 양으로 양이 음으로 바뀌는 것.

16) 剛柔相摩(강유상마): 음양이 서로 바뀌고 마찰하여 사상四象이 됨.

17) 天下之理, 得矣(천하지리 득의): 성인이 천지의 쉽고 간단한 이치를 터득하여 인간 행위의 표준을 세우고 천지 만물의 화육化育에 참여하는 일.

생각의 창

「계사전繫辭傳」은 공자가 지은 것이라고 하는데, 주역 전체의 대체와 범례를 전체적으로 논의하고 있다. 굳센 것과 부드러운 것이 부딪쳐서 모든 변화가 생긴다. 그런 변화를 모아 놓은 것이 바로 역易이다. 그러므로 『역경』을 변화의 책이라고도 한다. 자연 현상에서는 봄에 천둥이 울려서 만물이 눈을 뜬다. 그리고 바람과 비가 일어나서 만물이 자라고 해와 달이 운행하여 춥고 더운 것이 순환한다. 생물계는 남성적인 건에 해당하는 것과 여성적인 곤에 해당하는 것으로 분류할 수 있다. 남성적인 것은 시동하는 것을 맡고 여성적인 것은 이것을 받아서 일을 완성하도록 인도하는 역할을 한다. 건은 가장 쉬운 방법으로 시동을 걸고 곤은 간략한 방법으로 그것을 받아들인다. 그러므로 한쪽에서는 평이하기 때문에 시동이 지체없이 행해지고, 한쪽에서는 간략하기 때문에 상대방의 일을 아무런 저항 없이 받아들여서 일의 완성을 향해 노력한다. 이런 과정 속에서 건의 움직임은 계속되고, 곤의 활동은 확대된다. 이런 과정이 영구히 계속됨이야말로 현인이 지닌 덕성의 특징이고 그것을 확대하는 것이 어진 사람의 공덕이다. 인간은 이런 간이簡易함으로써 우주의 근본 원리를 체득할 수 있고, 이것으로서 천지와 함께 지위를 획득할 수 있다.

聖人, 設卦, 觀象繫辭焉, 而明吉凶. 剛柔相推, 而生變化. 是故, 吉凶者, 失得之象也. 悔吝者, 憂虞之象也. 變化者, 進退之象也. 剛柔者, 晝夜之象也. 六爻之動, 三極之道也.[18] 是故, 君子, 所居而安者, 易之序也. 所樂而玩者, 爻之辭也. 是故, 君子, 居則觀其象而玩其辭, 動則觀其變而玩其占. 是以, 自天祐之, 吉无不利. (「繫辭傳」上, 第2章)

18) 三極(삼극): 天地人(천지인) 삼재三才.

성인이 괘卦를 베풀어 상象을 관찰하고, 말을 계속하여 길흉吉凶을 분명히 했다. 굳셈과 부드러움이 서로 추이推移하여 변화가 생긴다. 그러므로 길흉이란 잃고 얻는 상이다. 뉘우치고 부끄러워하는 것은 근심하고 기뻐하는 상이다. 변화하는 것은 나가고 물러나는 상이다. 굳세고 부드러움이란 낮과 밤의 상이다. 6효가 움직이는 것은 삼극三極의 도이다. 그 때문에 군자가 편안하게 거처하는 것은 역易의 순서이다. 즐기고 완미하는 것은 효爻의 말이다. 그러므로 군자가 거처할 때는 그 상을 보고 그 말을 완미한다. 움직일 때에는 그 변하는 것을 보아서 그 점을 완미한다. 그러므로 하늘에서 그를 도우니 길하고, 이롭지 않는 것이 없다.

생각의 창

성인이 나타나서 우주자연의 삼라만상을 관찰하는 법칙을 가지고 『역경』을 체계화하였다. 즉 괘사나 효사를 보태서 길흉을 분명히 해 놓은 것이다. 역의 괘 속에서 강유剛柔는 우주를 반영한 것으로 변화소장變化消長을 말한다. 그것을 나누어서 말한 것이 바로 길흉회린吉凶悔吝이다. 길은 '일의 성취와 같이 좋은 것', 흉은 '실패와 같이 나쁜 것', 회는 '현실을 걱정하고 고민하며 길한 곳으로 나아가는 것', '린은 현실에 만족하여 흉한 데로 나아가는 것'을 가리킨다.

現
／ ⋮ ＼
凶 ⇐ 吝 ⇔ 悔 ⇒ 吉
＼ ⋮ ／
實

19) 一陰一陽之謂道(일음일양지위도): 음과 양의 두 기운이 서로 왕래하고 무궁해서 신묘함을 이루는 것을 천도라고 함.

20) 生生之謂易(생생지위역): 우주 천지 자연의 음양이 바뀌고 바뀌어 서로 낳고 낳아 쉬지 않음을 말함. 역의 도는 끊임이 없음.

一陰一陽之謂道[19] 繼之者, 善也, 成之者, 性也. 仁者, 見之謂之仁, 知者, 見之謂之知. 百姓, 日用而不知, 故, 君子之道, 鮮矣. 顯諸仁, 藏諸用, 鼓萬物而不與聖人同憂. 盛德大業至矣哉. 富有之謂大業, 日新之謂盛德. 生生之謂易,[20] 成象之謂乾, 效法之謂坤, 極數知來之謂占, 通變之謂事. 陰陽不測之謂神.

(「繫辭傳」上, 第5章)

한번 음하고 한 번 양하는 것을 도道라고 한다. 이것을 잇는 것이 선善이요 이것을 이루는 것이 성품性品이다. 어진 자는 이것을 보고 인仁이라 하고, 지혜로운 자는 이것을 보고 지知라고 한다. 백성들은 날마다 쓰면서도 알지 못한다. 그러므로 군자의 도를 아는 이가 적다. 이것을 인으로 나타내고 이것을 쓰는 데 저장하여, 만물을 고무해도 성인과 더불어 근심을 함께 하지 않는다. 그 성대한 덕과 큰 사업이 지극하기도 하구나. 풍부하게 가지는 것을 사업이라 하고, 날로 새로운 것을 성대한 덕이라고 한다. 나고 또 나는 것을 역이라 하고, 상을 이루는 것을 건이라 하며, 법을 본받는 것을 곤이라 한다. 수數를 극진히 하여 다가올 일을 아는 것을 점占이라 하고, 변화하는 것에 통달한 것을 일이라 하며, 음양을 헤아릴 수 없는 것을 신神이라 한다.

생각의 창

이 구절은 역의 큰 도를 설명한 대목이다. 역은 생성-변화-발전을 끊임없이 지속한다. 이 역의 변화를 통찰하여 미래를 예견하는 것이 바로 점占이다. 인간은 이러한 점을 수단으로 변화에 대처하고, 음양의 영묘하고 불가사의한 움직임에 다가간다.

易有太極. 是生兩儀.[21] 兩儀生四象. 四象生八卦. 八卦定吉凶. 吉凶生大業. (「繫辭傳」上, 第11章)

21) 兩儀(양의): 음양陰陽의 두 기氣를 의미한다.

역에는 태극이 있다. 여기에서 양의가 생긴다. 양의는 사상을 낳는다. 사상은 팔괘를 낳는다. 팔괘는 길흉을 정한다. 길흉은 큰 사업을 낳는다.

생각의 창

이 구절은 우주의 생성 과정을 설명한 것이다. 여기에서 태극은 역-우주의 근원으로서 음양을 낳는 근본이다. 태극-양의-사상-팔괘의 순서로 우주는 생성된다. 즉 근원적인 그 무엇인 태극이 있고, 거기에서 두 가지가 나뉘어져 나오고 또 네 가지가 분화되며 다시 여덟 가지로, 그리고 온갖 사물이 나온다.

개념 용어 정리

* 다음에 제시한 용어나 개념의 의미를 확인하고, 일상생활의 교양 수준에서 어떻게 활용할 수 있는지, 실천 방안을 고민해 보자.

* 易-間易-變易-不易:
* 卦爻:
* 元亨利貞:
* 陰陽:
* 乾坤:
* 吉凶悔吝:
* 生生:

생각 넓히기

1. 『역경』을 '변화의 성경' 이라고도 한다. 변화의 의미를 다양한 각도에서 설명해 보자.
2. 음양陰陽을 사람에 비유하면, 양은 남자, 음은 여자로 볼 수 있다. 남자와 여자 사이의 관계망을 통해 인간 세상을 음양의 논리로 설명해 보자.
3. 역易에서는 우주 발생의 논리를 태극-양의-사상-팔괘의 순서로 제시하고 있다. 이를 진화론의 관점에서 재해석하여 설명해 보자.

「역경」 이해에 도움이 될 만한 책

김상섭. 『내 눈으로 읽은 주역』. 서울: 지호, 2006.
송재국. 『송재국 교수의 주역 풀이』. 서울: 예문서원, 2000.
순 잉퀘이 · 양 이밍(박삼수 역). 『주역』. 서울: 현암사, 2007.
심의용. 『주역, 마음 속에 마르지 않는 우물을 파라』. 서울: 살림, 2006.
주백곤 외(김학권 옮김). 『주역산책』. 서울: 예문서원, 1999.

읽기자료

64괘와 점치는 방법, 그리고 점칠 때의 마음가짐

『역경』은 원래 점서라고 하였다. 그렇다면 점칠 때의 마음가짐은 어떠해야 하며, 그 방법은 어떠한가? 점은 나의 힘으로 헤쳐 나가기 힘든 한계상황에 부닥칠 때 쉽게 발생할 수 있다. 다시 말하면, 어떤 위대한 절대자에게 기대고 싶거나, 우리 인간이 알 수 없는 운명 또는 앞날을 조금이라도 알고 싶어 하는 마음에서 발생하는 심리작용이다. 이런 나약한 마음은 현재 자신이 처한 상황과 직결된다. 불행한 상황에 처한 사람은 좀 더 나은 생활을 갈망하는 마음에서, 행복한 사람은 더욱더 행복해지고 싶은 마음에서 점을 치기도 한다.

점치는 일은 단지 과거의 일만은 아니다. 과학기술 문명이 고도로 발달한 현대사회에서도 경우에 따라서 점복이 더욱 성행하기도 한다. 인터넷 사이트상의 운세란이 그것을 증명한다. 원시사회에서 현대에 이르기까지 점을 치고 싶어 하거나 점을 치는 이유는 의외로 간단하다. 어떤 사람이 특정한 일을 수행하면서 몹시 괴로울 때, 혹은 생활이 최악의 상태에 처했을 때, 괴로움이나 불행에서 벗어나기를 갈망하는 심정이 고도에 달하고, 점은 이를 극복할 수 있는 하나의 유용한 방식이 된다.

『역경』은 그런 점의 방식을 구체적으로 담고 있다. 역의 64괘는 하나하나가 어떤 상황에 처해 있는 인간의 모습을 보여주는 동시에 그것을 헤쳐 나가는 데 유용한 사고가 깃들어 있다. 즉 인간의 모든 길흉화복吉凶禍福과 변화소장變化消長의 상태는 64괘에 모두 들어 있다. 따라서 인간(개인)의 미래가 64괘 중 어느 것에 해당하는가를 예언해 보려는 방법이 점치는 일이다.

그렇다면 점칠 때의 마음가짐은 어떠해야 하는가? 근원적으로 점을 치지 않으면 모르겠지만, 점을 친다고 마음먹었다면 대충 재미로 아무렇게나 해서는 안 된다. 한 마디로 말하면 점을 치는 자세는 지극히 정성스러워야 한다. 점은 인간의 지혜를 다하여 추리하고 탐구하고 연구해도 쉽게 판단을 내리지 못할 경우에만 친다. 다시 말하면 점을 치기 이전에 더 중요한 것은 문제를 해결해 보려는 자기의 적극적 노력이다. 노력에 노력을 한 결과, 판단이 서지 않을 때 점을 친다. 자신의 지혜를 다하지 않고 안이한 마음으로 점을 치는 자는 좋은 반응을 얻기 어렵다. 사악한 마음으로 점을 치려고 해서도 안 되고, 장난삼아 점을 치려고 해서도 안 되며, 더구나 부정한 일을 위하여 점을 쳐서는 더더욱 안 된다. 『역경』은 우주자연의 올바른 법칙을 본받아 그 이치에 순응함으로써 계시를 얻은 것이기 때문에 부정한 일을 위한 점은 허용되지 않는다. 즉 도저히 점괘를 얻을 수 없다.

또한 동일한 사안을 가지고 두 번 세 번 점을 쳐서는 안 된다. 점의 결과를 의심하거나 마음에 들지 않는다고 두 번 세 번 되풀이하는 것은 점의 신성함을 모독하는 일이다. 이때도 올바른 점괘를 얻을 수 없다.

우주첨단과학의 시대에, 점은 하나의 미신일 수 있다. 그러나 동양 전통의 『역경』에서 말하는 점치는 마음가짐은 점괘의 맞고 틀림을 떠나 일을 대하는 태도가 얼마나 소중한지 보여준다.

제14장
도덕경道德經

최고의 착함은 물과 같다
물은 좋게 베풀고 이롭게 해주지만 다투지 않고
모든 사람이 싫어하는 곳에 처해 있다
그러므로 도에 가깝다
上善若水
水善利萬物而不爭
處衆人之所惡
故幾於道
『道德經』第8章

도와 덕의 무위자연 사상 『도덕경』

『도덕경』은 유학의 『논어』에 필적하는 도가의 최고 경전이다. 『도덕경』은 노자가 저술했다고 하는데, 노자에 대해서는 다양한 학설이 있다. 실재 인물인지 아니지 의심하는 학자들도 많다. 사마천의 『사기』「노장신한열전老莊申韓列傳」에 의하면, 노자는 다음과 같이 묘사되어 있다.

老 늙은이 로
聃 귓바퀴 없을 담

노자는 초楚나라 고현苦縣 여향厲鄕 곡인리曲仁里 사람이다. 성은 이李, 이름은 이耳, 자는 백양伯陽, 시호諡號는 담聃이다. 주나라 수장실守藏室의 사史[1]를 지냈다. 공자가 주나라에 갔을 때, 노자에게 예禮를 물으려 하자, 노자는 이렇게 말했다.

1) 장서고藏書庫의 기록관. 도서관 일에 종사.

"그대가 말하는 옛날의 성인도 그 육신과 뼈다귀가 이미 썩어져서 지금에는 다만 그 말한 바를 남겼을 뿐이다. 군자는 때를 얻으면 수레를 타는 귀한 몸이 되지만, 그렇지 못한 때에는 들에 묻혀야 한다. 훌륭한 장사아치는 물건을 깊이 간직하여 밖에서 보기는 공허한 것 같이 보이지만 속이 실하다. 군자도 풍성한 덕을 몸에 깊이 갖추고 있더라도 우선 보기에는 어리석은 것같이 해야 한다. 그대는 몸에 지니고 있는 그 교만한 것과 욕심 많은 것과 젠체하는 것과 산만한 생각 따위를 다 버려라. 그런 것은 그대를 위해 아무런 이익됨도 없는 것이다. 내가 그대에게 말하고자 하는 것은 다만 이것 뿐이로다."

공자는 돌아가서 제자들에게 말하였다.

"새는 날고, 고기는 헤엄치고, 짐승은 달리는 것이라는 것은 나도 잘 알고 있다. 달리는 것은 그물을 쳐서 잡고, 헤엄치는 것은 낚시를 드리워서 낚고, 나는 것은 주살을 가지고 쏘아서 떨어뜨릴 수 있거니와 용에 이르면 그것은 바람과 구름을 타고 하늘에 오른다고 하니 나로서는 실체를 알 수가 없다. 나는 오늘 노자를 만났는데, 용 같다고나 할까 전혀 잡히는 것이 없더라."

노자는 허무虛無의 도덕을 닦아서 그 학문은 스스로 재능을 숨겨 이름이 드러나지 않기를 힘썼다. 주나라에 오래 동안 있었는데, 주나라가 쇠약해지자 마침내 주나라를 떠나기로 작정하고 함곡관函谷關에 이르렀다. 관령關令 윤희尹喜가 "선생께서는 이제 은퇴하실 모양이니 이 사람을 위해 가르침을 남겨 주십시오." 하고 청하였다.

노자는 상하 2편의 글을 저술하여 도덕道德의 의미를 말한 5,000여 글자를 남기고 관을 떠났는데, 그 후로 노자의 최후를 본 사람은 아무도 없었다.

어떤 사람은 말하기를, "노래자老萊子도 초나라 사람으로 15편의 저서가 있고, 도가道家의 깊은 뜻을 밝혔는데, 공자와 동시대 사람이었다."고 한다.

노자의 향년은 160여 세라고도 하며, 혹은 200세라고도 한다.

虛 빌 허
無 없을 무
函 상자 함
谷 골짜기 곡
關 빗장 관

그토록 장수한 것은 도덕을 닦아 수양한 보람일 것이다. 공자가 돌아가신 지 129년의 역사 기록을 보면, "주나라 태사太史 담儋이 진秦나라 헌공獻公을 뵙고, 진나라는 처음에 주나라와 합했는데, 합한지 500년에 갈라지고 갈라진지 70년에 패왕이란 자가 나리라"라고 하였다는 것이 보이는데, 어떤 사람은 이 담이란 자를 노자라고 말하고, 또 어떤 사람은 이를 부정하니, 세상에서는 참인지 거짓인지 아는 자가 없다.

세간에서는 노자를 배우는 자를 유학을 배척하고 유학의 무리는 노자의 학을 배척한다. "길이 같지 않으면 서로 꾀하는 일도 같이 하지 않는다"는 아마도 이런 일을 두고 한 말일 것이다. 이처럼 사마천도 노자에 대해 의심 가는 대로 적었다.

『노자』는 『도덕경道德經』이라고도 하는 데, 총81장으로 구성되어 있다. 상편은 「도경道經」이라 하고 하편은 「덕경德經」이라 한다. 도경과 덕경은 엄격하게 내용이 분류된 것은 아니지만 상편인 도경에서는 주로 도, 즉 형이상학적 원리를 풀었고, 하편인 덕경에서는 도에 입각한 덕, 즉 행동적인 면을 많이 풀었다.

도덕경의 사상은 크게 도의 본체(道體)와 덕의 쓰임(德用)으로 나누어 볼 수 있다. 도는 형이상의 실체이자 만물의 근원이며 우주운행의 원리이다. 또한 도는 우주 · 천지 · 만물의 창조자일 뿐만 아니라 우주 · 천지의 운행이나 만물의 생성화육生成化育을 주재한다. 그러므로 도는 모든 운행의 도리이자 법칙이다. 그런 도는 '대립對立'과 '복귀復歸'를 거듭하는 성질을 지니고 있어 "돌이킴이 도의 움직임(反者道之動)"이라고도 한다.

도는 이른바 상선약수上善若水(최상의 선의 물의 성질과 같다)고 하여 물에 비유되기도 한다. 즉 물은 언제나 아래로 흐른다. 그것이 모여 강이 되고 바다가 된다. 한방울의 물은 아무 것도 아닐 수 있다. 그러나 그것이 모여 강이 되고 바다가 되었다. 가장 약한 것 같은 물 한 방울이 무서운 노도怒濤로 바뀔 수 있다. 이런 점에서

太 클 태
儋 멜 담
復 돌아올 복
歸 되돌릴 반
反 돌아갈 귀
水 물 수

靜 고요할 정
自 스스로 자
然 그럴 연
氣 기운 기

가장 약한 것은 가장 강한 것이 될 수 있는 것이다. 노자는 부드러움을 강조한다. 즉 유약이 강함을 이긴다고 가르친다.

도를 활용하는 덕의 쓰임에서 노자는 허정虛靜과 무위無爲를 강조한다. 도는 자연을 다르고 비어 있으면서도 고요한 원리로 억지로 행하지 않고 자연의 원리를 따를 것을 강조한다. 즉 인간의 욕심과 농간, 조작을 버리고 허정한 자연, 순박한 자연의 품에 안길 것을 강조한다. 그래야만 모든 사람이 조화를 이루고 스스로의 생성화육을 도울 수 있다.

이러한 노자의 사상에서 일관되는 핵심은 무위자연無爲自然이다. 이것은 도道라는 한 글자로 집약할 수도 있다. 이는 사실 자체의 바탕 위에서 떠나지 말라는 의미로 이해할 수 있다. 이때 사실은 바로 자연이며 도이며 기氣이며 변變이다. 이런 방법론이 바로 비우고 고요하게 하고 없애가고, 줄여가며, 생긴 것 그대로 두는 일이다.

이러한 노자의 사상은 정신없이 바쁜 경쟁 속에서 인위적 조작을 가하며 사는 현대인들에게 고요한 휴식의 장을 마련해 준다. 즉 자연으로 돌아가라. 욕심을 버려라. 천지자연을 본받으라고 충고해 준다.

원문 맛보기

道可道, 非常道, 名可名, 非常名. 無, 名天地之始, 有, 名萬物之母.[2] 故常無, 欲以觀其妙,[3] 常有, 欲以觀其徼. 此兩者,[4] 同出而異名,[5] 同謂之玄.[6] 玄之又玄, 衆妙之門.[7] (第1章)

도를 도라고 말하면 늘 그러한 도가 아니고, 이름을 이름이라고 말하면 늘 그러한 이름이 아니다. 무는 천지의 시초이고, 유는 만물의 근원이다. 그러므로 항상 무에서 그 묘함을 보아야 하고, 항상 유에서 밝음을 보아야 한다. 이 두 가지는 같은 곳에서 나온 것으로 이름만이 다르다. 같은 곳은 그윽하다. 그윽하고 또 그윽하며 온갖 오묘함의 문이 된다.

생각의 창

도에 대한 기본적인 설명을 하고 있다. 도는 형이상적 실재이다. 우리 인간의 인식이나 표상을 초월한 존재이다. 시간과 공간을 초월하여 영구불변하고 언제 어디서나 있다. 그러므로 유한한 존재인 인간의 현상적 · 감감적 눈으로 규정할 수 없다. 어떠한 말이나 개념으로 규정하기 어려운 것이 도이다.

天下皆知美之爲美, 斯惡已, 皆知善之爲善, 斯不善已. 故有無相生,[8] 難易相成, 長短相較, 高下相傾, 音聲[9]相和, 前後相隨.[10] 是以聖人[11]處無爲之事,[12] 行不言之敎. 萬物作焉而不辭, 生而不有, 爲而不恃, 功成而弗居. 夫唯弗居, 是以不去.[13] (第2章)

2) 無(무)와 有(유)는 도의 상대적인 양명성.

3) 妙(묘): 도의 본체가 오묘함.

4) 此兩者(차양자): 유有와 무無.

5) 同出而異名(동출이이명): 유와 무는 둘 다 같은 곳, 즉 도에서 나왔으며 오직 이름만 다름.

6) 玄(현)은 사람이 측정해서는 알 수 없는 것. 오묘함, 인간의 인식을 초월한 경지.

7) 衆妙之門(중묘지문): 모든 오묘함과 변화가 나오는 곳.

8) 유有-무無는 서로 대립되는 관념이지만, 서로 떨어질 수 없는 인과관계.

9) 音(음): 악기의 음악 소리, 聲(성)은 사람의 음성.

10) 난이難易, 장단長短, 고하高下, 음성音聲, 전후前後 등, 위의 유有-무無처럼 인간의 모든 인식은 상대적임.

11) 聖人(성인): 도를 체득하고 자연과 일치한 경지에 있는 사람으로 허정虛靜 · 부쟁不爭 · 무위無爲 · 무욕無慾한 인간.

12) 無爲(무위): 도가 사상에서 가장 높이는 말. 문자 그대로 아무 것도 하지 않는다거나 하는 일이 없다는 의미가 아니고, 인위적인 기교나 작위·조작을 하지 않고 자연스럽게 스스로 그렇게 되었다는 의미.

13) 不去(불거): 없어지지 않고, 영구히 남음. 불후不朽의 의미.

천하의 모든 사람들이 미를 아름답다고 알기 때문에, 이에 추악함이 나타나고, 선을 착하다고 알기 때문에 착하지 않음이 나타난다. 그러므로 유와 무는 상대적으로 나타나고, 어려움과 쉬움도 상대적으로 이루어지고, 길고 짧은 것도 상대적으로 비교되고, 높고 낮음도 상대적으로 대비되고, 음과 소리도 상대적으로 어울리고, 앞과 뒤도 상대적으로 있게 된다. 그러므로 성인은 무위無爲의 일에 처하고, 말없는 가르침을 행한다. 만물이 스스로 자라게 버려두고, 자라도 자기의 소유로 삼지 않고, 행하고도 자랑으로 여기지 않고, 공을 성취하고도 높은 자리에 처하지 않는다. 오직 자리에 처하지 않으므로 없어지지 않는다.

생각의 창

도는 노자에게 있어 형이상적 실재로서 영원한 것이다. 그런데 그것이 형이하의 가치나 현상에서는 상대적인 것이 되고 변하기 마련이다. 특히 인간 사회에서 모든 관념이나 가치는 인간들이 임의적이고 자의적으로 설정한 인위적인 것들이다. 이런 인간의 문화는 모순과 갈등, 분쟁을 일으키는 원인이 된다. 그러므로 자연스런 무위無爲의 행함이나 무언無言의 실천을 통해 도로 돌아가야 한다.

不尙賢,[14] 使民不爭, 不貴難得之貨, 使民不爲盜, 不見可欲, 使民心不亂. 是以聖人之治, 虛其心,[15] 實其腹,[16] 弱其志,[17] 强其骨.[18] 常使民無知無欲,[19] 使夫智者不敢爲也. 爲無爲, 則無不治. (第3章)

14) 賢(현): 세속적으로 현명한 사람. 말 잘하고, 글에 밝고, 권세를 부리고, 인위적 문화를 꾸미는 자.

15) 虛其心(허기심): 마음을 허정虛靜하게 만듦. 허虛는 무욕無慾, 무지無知, 무위無爲의 경지에서 얻어짐.

16) 實其腹(실기복): 안락하게 살게 해줌.

17) 弱其志(약기지): 인간들의 욕심이나 목적의식, 욕구 등의 의지를 약화시킴.

18) 强其骨(강기골): 몸을 튼튼하게 함.

19) 無知無欲(무지무욕): 인간들의 조작적인 지혜와 욕구를 없앰.

똑똑한 자를 숭상하지 않아야 백성들이 다투지 않고, 얻기 어려운 재화를 귀하게 여기지 않아야 백성들이 훔치지 않으며, 탐욕을 보지 않아야 백성들의 마음을 흐트러지지 않게 할 수 있다. 그러므로 성인의 다스림은 그 마음을 비우고 그 배를 채우며 뜻을 약하게 하고 기골을 강하게 한다. 항상 백성들이 무지 무욕한 상태에 있게 하고, 지자智者로 하여금 감히 행하지 못하게 한다. 무위를 행하면 다스려지지 않음이 없다.

생각의 창

인간의 욕망과 문명비판의 입장을 엿볼 수 있는 단락이다. 노자는 인간의 지적 능력이 탁월하다고 더 큰 가치를 부여하거나 문명과 문화가 발달되었다고 인간이 행복해진다고 보지는 않았다. 오히려 문명의 발달 가운데 인간은 더욱 타락한다고 보았다. 그러므로 똑똑한 자, 재화나 보물, 탐욕 등을 경계했다.

上善若水.[20] 水善利萬物而不爭,[21] 處衆人之所惡, 故幾於道.[22] 居善地,[23] 心善淵,[24] 與善仁,[25] 言善信,[26] 正善治,[27] 事善能,[28] 動善時.[29] 夫唯不爭, 故無尤.
(第8章)

최고의 착함은 물과 같다. 물은 좋게 베풀고 이롭게 해주지만 다투지 않고, 모든 사람이 싫어하는 곳에 처해 있다. 그러므로 도에 가깝다. 좋은 땅에 거처하고, 좋은 연못에 마음 두고, 인을 베풀고, 말을 실천하며, 좋은 다스림으로 바르게 하고, 효능있게 일하고, 좋은 때에 움직인다. 오직 다투지 않을 뿐이다. 그러므로 허물이 없다.

생각의 창

최고의 선을 물의 특성에 비유하여 도를 설명하였다. 물의 특성은 세 가지로 분류했는 데, 첫째가 만물을 이롭게 해주는 것, 둘째는 다투지 않는 것, 셋째는 남이 싫어하는 얕은 곳에 있는 것이다.

20) 上善若水(상선약수): 가장 착한 사람은 물같은 성품을 지님.
21) 利萬物(리만물): 만물을 이롭게 함.
22) 幾(기): 가깝다. 근近과 같은 뜻.
23) 善地(선지): 비천한 땅, 남들이 싫어하는 얕은 곳.
24) 善淵(선연): 허정한 경지.
25) 善仁(선인): 은덕을 베풀기만 함.
26) 善信(선신): 열매를 맺을 수 있는 말의 실천.
27) 善治(선치): 바른 정치.
28) 善能(선능): 가장 능률적인 일
29) 善時(선시): 가장 잘 때를 맞추는 것.

이런 물의 특성이 도에 가장 가깝다. 노자의 이러한 비유는 유약, 비하, 부쟁을 삶의 논리로 내세움으로서 현실적인 욕망에 가득 찬 사회에 대한 부정이다. 이는 부정을 통해 더 큰 긍정을 얻으려는 위대한 부정의 정신이 들어 있다.

致虛極,[30] 守靜篤.[31] 萬物竝作,[32] 吾以觀復. 夫物芸芸, 各復歸其根. 歸根曰靜, 是謂復命.[33] 復命曰常, 知常曰明. 不知常, 妄作凶. 知常容, 容乃公, 公乃全, 全乃天, 天乃道, 道乃久, 沒身不殆. (第16章)

30) 致虛極(치허극): 마음을 공허하게 비움.

31) 守靜篤(수정독): 욕망에 사로잡힌 생각을 버리고 허정을 지킴.

32) 萬物竝作(만물병작): 만물이 다같이 생장활동을 함.

33) 復命(복명) : 본성에 복귀함.

비움(虛)의 극치에 도달하고, 돈독히 고요함(靜)을 간직하라. 만물이 다같이 자라나지만 나는 (만물이 근원으로) 돌아감을 볼 수 있다. 만물이 무성하게 자라고 있으나 각기 그 뿌리로 돌아간다. 뿌리로 돌아감을 고요함(靜)이라 하고, 그것을 본성으로 돌아간다고 한다. 본성으로 돌아감을 상도常道라 하고, 상도를 아는 것을 밝음이라고 한다. 상도를 모르면 망령되이 흉악함을 불러온다. 상도를 알면 포용할 수 있고, 포용하면 공평하고, 공평하면 두루 통하고, 두루 통하면 하늘이라 하겠고, 하늘의 경지는 곧 도이고, 도는 곧 영원한 것이니, 죽을 때까지 위태롭지 않을 것이다.

생각의 창

치허극致虛極과 수정독守靜篤을 강조하여 도의 본질을 설명하고 있다. 세상 만물의 근원은 무위자연의 도이다. 그 도는 비어있고 고요하다. 따라서 사람들은 허정虛靜의 경지를 제대로 지켜야 한다. 그러면 종신토록 위태롭지 않고 도와 더불어 안락할 수가 있다.

사람의 마음은 본래 허정하다. 그러나 현세간을 살면서 외물에 요동되어 명리나 욕구에 흔들리고 눈이 가리어 바르게 보지 못하게 되었다. 그러므로 치허극致虛極 수정독守靜篤을 통해 허정한 본심을 되찾아야 한다. 마음을 비우고 허정을 지키는 일은 세상을 버리고 사람으로부터 떨어져 살라는 뜻이 아니라, 만물과의 관계에서 나의 본심을 흩트리지 않는 것을 의미한다.

反者,[34] 道之動. 弱者,[35] 道之用. 天下萬物生於有, 有生於無. (第40章)

34) 反(반): 되돌아가다. 복귀하다. 순환하다. 상반되다.

35) 弱(약): 도의 작용이나 효용은 유약을 바탕으로 함.

되돌아가는 것이 도의 움직임이다. 유약한 것이 도의 쓰임이다. 천하 만물은 유에서 나오고, 유는 무에서 나온다.

생각의 창

여기에서는 노자사상의 핵심을 매우 간결하게 요약해 놓았다. 노자는 "반대로 순환하여 복귀하는 것이 도의 활동"이라고 보았다. 그리고 "유약한 것이 도의 작용"이라고 보아, 유약한 것이 강하고 굳센 것을 극복할 수 있다고 역설적으로 강조한다. 그리고 결국 모든 생성은 무에서 생성함을 말하고 있다.

小國寡民.[36] 使有什佰之器而不用,[37] 使民重死而不遠徙.[38] 雖有舟輿, 無所乘之, 雖有甲兵, 無所陳之, 使人復結繩而用之. 甘其食, 美其服, 安其居, 樂其俗. 隣國相望, 鷄犬之聲相聞, 民至老死, 不相往來. (第80章)

36) 小國寡民(소국과민): 조그마한 나라의 적은 국민.

37) 什佰之器(십백지기): 무기, 또는 문명의 이기, 생활 도구 등.

38) 重死(중사): 소홀히 죽지 않음. 생명을 아낌. 不遠徙(불원사): 나라가 어지러워 백성들이 흩어짐.

나라를 적게 하고 백성의 수를 적게 한다. 열이나 백의 기물이 있어도 쓰지 않고, 백성들로 하여금 죽음을 두려워하고, 멀리 옮겨 다니지 않게 한다. 비록 배나 수레가 있어도 타고 다닐 필요가 없고, 무기가 있어도 펼칠 필요가 없으며, 백성들로 하여금 다시 새끼줄을 묶어 쓰게 한다. 맛있게 먹고, 잘입고, 편안히 살고, 멋대로 즐긴다. 이웃 나라와 서로 마주보며, 닭이나 개소리가 서로 들려도, 백성들은 늙어 죽을 때까지 서로 왕래하지 않는다.

생각의 창

노자의 정치적 이상국가를 그려 놓았다. 노자가 그린 이상 사회는 나라라기보다는 원시적 촌락이나 부족사회와 같은 촌락공동체를 연상시킨다. 즉 자연과 더불어 사는 조그마한 공동체로 보는 것이 알맞을 듯하다. 이런 사회에서는 법률이나 정치가 크게 필요하지 않다. 또한 자연의 혜택 속에서 살아가므로 문명의 이기가 그다지 중요하지 않다.

개념 용어 정리

다음에 제시한 용어나 개념의 의미를 확인하고, 일상생활의 교양 수준에서 어떻게 활용할 수 있는지, 실천 방안을 고민해 보자.

* 道:
* 德:
* 道可道非常道:
* 無爲:
* 不爭:
* 虛靜:
* 小國寡民:

생각 넓히기

1. "도가도비상도道可道非常道"의 의미를 철학적으로 재해석해 보자.
2. "상선약수上善若水"에 내포되어 있는 '물'의 특성을 통해, 노자가 말하는 도道의 의미를 도출해 보자.
3. 노자 철학이 현대사회에 던지는 화두를 간략하게 정리해 보자.

『도덕경』 이해에 도움이 될 만한 책

김용옥. 『노자와 21세기』. 서울: 통나무, 1999.
김충렬. 『김충렬 교수의 노자강의』. 서울: 예문서원, 2004.
쉬캉성(유희재 · 신창호 역). 『노자평전』. 서울: 미다스북스, 2003.
임헌규. 『노자 도덕경 해설』. 서울: 철학과 현실사, 2005.
최진석. 『노자의 목소리로 듣는 도덕경』. 서울: 소나무, 2001.

읽기자료

노자, 무위無爲의 가르침

인간에게서 교육은 대개 언어를 통해 전달되고 수신된다. 언어 활동을 통해 어떤 개념이 대상에게 전달되는 심적이며 물리적인 과정 속에서 진행된다는 말이다. 언어는 인간만이 유일하게 사용하는 인간의 것이다. 그러나 언어는 인간의 이중적 성격을 지원하였다. 인간은 일반적으로 언어를 통해 변명할 수 있는 계기를 갖는다. 이는 인간의 지식과 지혜, 언어의 발달 과정에서 볼 때, 진실의 적극적 해명이라고 볼 수도 있지만, 그것의 적극적 은폐 역할도 했다. 따라서 어떤 언어 속에 담긴 뜻, 혹은 대화의 과정에서 말은 항상 참된 것으로만 볼 수는 없다. 우리는 그것을 일상에서 흔히 경험한다. 교육 상황에서도 마찬가지다. 어떤 개념을 설명하거나 행위를 해명할 때, 의문이 풀리지 않는다면 그것을 풀기 위한 말은 더욱 많아지고 말이 많아질수록 또다시 무수한 억측들이 나돌고, 결국 진정한 의미는 말 속에 매몰되기도 한다.

노자는 이런 가르침의 태도를 적극적으로 경계한다. '길(道)' 을 '바로 그 길' 이라고 말하고, '이름(名)' 을 '바로 그 이름' 이라고 말할 때, 정말 그 길이고 이름인가? 이에 대한 의심이 그의 출발점이었다. 곧바로 노자는 이런 의견을 제시한다.

"길을 바로 아는 성인은 '억지로 행함이 없음' 을 일삼고 '말없는 가르침' 을 편다." 말은 말하고자 애쓰는 자에게서 나온다. 말하고자 억지로 애쓰지 않는 자에게는 행위가 있을 뿐이다. 묵묵히 자기 실천을 하는 사람들에게서 그런 행위를 발견할 수 있다. 이에 앞서 노자는 현실의 아름다움과 추함, 선함과 악함이 인간 문화의 인위적인 개념, 서로 싸우고 절대시하는 자기주장들의 소산으로 보았다. 그러나 이런 가치 개입 이전에 '있음과 없음', '어려움과 쉬움', '높고 낮음' 은 서로 끊임없이 낳고 이루는 과정을 통하여 개념적으로 고정되지 않으므로 아무런 폐단도 생기지 않고 무리나 억지도 없다. 이런 행위를 본받아 나오는 것이 훌륭한 사람의 행위이다.

이런 행위의 최고 위치에 '말없는 가르침' 이 있다. 이 말없는 가르침은 인간이 만들어 사용하는 언어 문자의 한계와 병폐를 일깨워준다. 말하지 않고도 가르치는 '불언지교不言之教' 는 언어의 부정적인 폐단을 줄이거나 없애기 위한 교육적 처방이다. 달리 말하면 언어라는 인위를 소극적으로 대하는 교육이다. 즉 학생이 스스로 가르치고 배우며, 저절로 바르게 행동하며 저절로 부유하게 노력하고 저절로 순박한 모습으로 나아가게 하는 방식이다. 이는 어찌 보면 가르침의 기술 가운데 가장 높은 경지, 교육 예술을 보여준다.

그런데 어떻게 인간이 '무위(억지로 행함이 없음)' 를 일삼을 수 있는가? 교육은, 특히 우리가 좁은 의미에서의 교육이라고 지칭하는 학교 교육이나 의도적인 교육은 적극적인 말과 행위를 통해 이루어진다. 그런데 행함이 없이 하라니? 노자의 무위는 '아무것도 하지 않음' 이 아니다. 어떻게 인간이 아무것도 하지 않을 수 있겠는가? 태어난 순간부터 활동하는 것이 인간인데. 노자의 무위는 '인위적' 또는 '의도적' 행위를 하지 않는다는 의미이다. 그런데 인간의 역사는 작위의 역사, 무언가를 짓고 만들어온 역사이다. 인간이라는 사람 사이에서 이루어진 작위, 인간의 행위가 역사이다. 그런데 노자는 작위에 대립되는 무위를 말한다. 왜 이런 태도를 취했던가?

노자가 얘기하는 무無는 단순히 텅 빈 공백도 아니다. 따라서 무위는 절대적으로 일체의 행동을 하지 않는 고요함 속의 '함이 없음' 이 아니다. 아무 것도 하지 않는 불위不爲를 의미하는 것이 아니라 사물이 활동하고 작용하는 자연스러운 흐름에 준거하는 것을 뜻한다. 이를 위해서는 먼저 행위 주체자의 의식을 순화하여 무위의 경지를 체득해야 한다. 무위의 경지를 체득한 사람은 의도적으로 사물의 활동과 작용에 순응하려는 태도를 취하는 것이 아니라 자신의 본성이 내키는 대로 행위 할지라도 모든 일이 저절로 조화를 이룰 수 있는 것이다. 이렇게 볼 때, 무위는 오히려 모든 행위를 가능하게 한다는 점에서 참으로 유효한 태도이다.

그런 의미에서 노자는 배움에 대해 다음과 같이 말한다. "세상에서 말하는 배움을 하면 할수록 배울 것은 날마다 불어난다. 그런데 도를 실천하면 할수록 날마다 할 일이 줄어든다. 줄고 또 줄어들어 함이 없는 경지에까지 이르게 된다. 함이 없는 데까지 이르고 나서야 모든 것이 되지 않음이 없다."

이처럼 노자는 배움에 대한 적극적인 반성을 촉구했다. 배움이 과연 인간을 올바르게, 인간답게 살아가는데 유용한가? 오히려 배우면 배울수록 지식과 욕망, 허위의식 등이 싹트고 인간 세계를 어지럽히는 것은 아닌가? 노자는 이점을 경계했다. 배움 자체의 부정이 아니라 배움으로 인해 드러나는 폐해를 경계했다.

현재 교육은 지식을 많이 습득하면 습득할수록 힘을 가진다. 지식은 하나의 힘이요 권력이다. 지식을 통한 욕망의 확대, 교육 자체가 하나의 권력을 재생산하여 끊임없이 인간 스스로가 인간의 생명력을 상실한다. 참다 못한 노자는 이렇게 외친다. "학문을 끊어라 근심이 없을 것이니!" 이렇게 오래 전에 배움에 대한 경종을 울려준 것이 바로 노자의 무위 사상이다.

노자의 이런 사유는 사실, 인위로 하지 않음, 혹은 자연自然—스스로 그러함—의 적극적인 표현이다. 따라서 노자의 무위자연의 철학은 적극적인 교육이론의 한 형태이다, '무위'는 흔히 소극적인 대응 방식으로 이해하기 쉽다. 그러나 역설적으로 인위를 넘어서는 적극성이 있다.

제15장
장자莊子

장주가 꿈에 나비가 되었는가
나비가 꿈에 장주가 된 것인가
장주와 나비는 반드시 구별이 있다
이를 만물의 변화라고 한다

不知周之夢爲胡蝶
胡蝶之夢爲周與
周與胡蝶, 則必有分矣
此之謂物化
『莊子』「齊物論」

자유와 생명 정신의 산실 『장자』

장자는 지금부터 2,200여 년 전의 인물이다. 그런 그의 생애를 알기란 거의 불가능하다. 우리가 그 시대를 함께 산 것도 아니고, 그에 대한 기록이 그리 많이 남아 있지도 않은 까닭에. 다만 우리에게 익히 알려져 있는 사마천의 『사기史記』 「노장신한열전老莊申韓列傳」의 장자에 관한 기록을 통해 부분적으로 추측할 수 있을 뿐이다.

莊 풀성할 장
蒙 입을 몽

장자는 지금의 중국 산동성과 하남성의 접경인 하남성 상구현 동북지역에 해당하는 몽蒙지역 사람이라고 한다. 원래 이름은 주周이고, 일찍이 몽지역 칠원의 관리가 되었다. 장주를 장자라고 한 것은, '자子'는 '공구'를 공자孔子 '맹가'를 맹자孟子라고 하듯이, 일반적으로 남자에 대한 호칭이거나 훗날 사람들이 그를 존숭하여 붙인 호칭일 것이다. 장자는 아마 자기 생활의 근거지인 몽이라는 지역의 관리, 오늘날의 지방 공무원에 해당하는 생활을 했던 것 같다. 그리고 장자가 활동했던 시기는 양혜왕이나 제선왕과 같은 시대였다고 한다. 즉 기원전 370년에서 301년 쯤 되는 시기이다. 또한 장자는 매우 박학해서 막히는 것이 없었다고 한다. 공부를 무지막지하게 한 사람인 듯하다. 문제는 그의 학문이 노자에 근본하고 있다는 점이다. 그러니 당연히 그의 방대한 저서 『장자』도 대개가 노자의 학문에 설명을 더한 우화인 것이다. 그래서 노자와 장자의 사유를 통틀어 '노장老莊' 사상이라고도 한다.

워낙 많이 알고 지혜로웠던 까닭에, 장자의 말은 바다와 같아서 끝이 없었다. 동시에 어떤 것에도 걸림이 없이 자유 분방하였다. 그러므로 당시에 높은 벼슬을 하던 사람들에게는 매우 특이한 인물로 여겨졌을 것이다. 그러니 당연히 대접받지 못했음에 분명하다. 왜냐하면 높은 자리에 있는 사람들은 원래가 사람 부리기를 좋아한다. 그래서 사람들이 자기 부하가 되어 자기 말을 잘 들어주기를 바란다. 하지만 장자 같은 자유분방하고 솔직한 인물이 그에 고분고분할 리가 있었겠는가.

郊 성밖 교
祭 제사지낼 제

그런데 당시 초나라에 위왕이 있었다. 그는 장자가 어질고 훌륭하다는 말을 들었다. 이에 곧 사신을 보내 많은 예물을 주고 장자를 초빙해서 재상으로 삼으려 했다. 이 때 장자는 껄껄 웃으며 초나라 사신에게, "천금은 엄청나게 큰돈이며 재상은 엄청나게 높은 자리라오. 당신은 하늘에 지내는 제사인 교제郊祭에서 제물로 쓰이는 소를 알고 있겠지요? 희생으로 쓰이는 소 말이오. 몇 년 동안 잘 길러 비단 옷을 입히고는 결국은 종묘로 끌고 가서 제물로 바치지요. 그때 그 소가 하찮은 돼지새끼처럼 자유롭게 살고 싶어한들 무슨 소용이 있겠소. 때는 이미 늦은 것이오. 무슨 말인지 알겠소? 그대는 빨리 돌아가시오. 나를 욕되게 하지 마시오. 더럽혀질 판이었으면 내 차라리 진흙탕 속에서 헤엄이나 치면서 유유자적하지 않았겠소? 당신 왕에게 구속되어 살고 싶지는 않소이다. 평생토록 벼슬길에 나가지 않고 내 멋대로 즐기고 싶소이다."라고 하였다. 이로 보아 장자가 얼마나 자기 세계를 구축하고 자유 정신을 구가하려고 했는지 짐작할 수 있다.

장자가 활동했던 양혜왕 · 제선왕 시대는 유학에서 아성亞聖으로 추앙 받는 맹자와도 같은 시대였다. 즉 이들은 같은 시대인 기원전 300년 전후를 살았던 것이다. 우리가 대립되는 사상으로 이해하는 유가와 도가, 그 선각들이 같은 시대를 살았다니, 참 재미있는 일이다. 어쨌든 여러 학자들의 연구 결과로 미루어볼 때, 장자는 기원전 369년에서 기원전 286년경에 살았을 것으로 추측된다.

사마천의 기록대로 장자는 너무나 많이 배웠고 너무나 많이 알았다. 그만큼 지혜로우며 똑똑했다. 보기 드문 천재였다. 그렇다보니 도리어 출세길이 막혔다. 그리고 그의 방대한 저작, 『장자』는 온갖 비유를 끌어다가 이야기한 우언寓言이라 무척이나 쉬운 듯하면서도 함축하는 바가 너무나 깊다.

寓 머무를 우
雜 섞일 잡
篇 책 편

현재 우리가 접할 수 있는 『장자』는 4세기경 서진西晉 시대의 곽상(郭象)이라는 사람이 정리하고 주석한 것으로 33편으로 되어 있다. 즉 「내편內篇」 7편, 「외편外篇」 15편, 「잡편雜篇」 11편이 그것이다. 그런데 그 이전에는 일반적으로 52편이 실린 『장자』가 통용되고 있었다고 전한다. 어쨌든 우리가 볼 수 있는 것은 33편이 실려 있는 『장자』이다. 문제는 원래 장자라는 인물이 『장자』라는 책을 다 만들었느냐 에는 의문의 여지가 많다. 여러 학자들의 연구에 의하면, 「내편」은 가장 오래된 것으로 장자 사상의 진수가 들어 있다고 한다. 그래서 장자가 직접 저작했을 것으로 추정한다. 그러나 「외편」과 「잡편」은 「내편」을 해석한 것으로 후대의 사람들이 지어 넣었을 가능성이 있다고 한다.

책의 성립 과정이 어떠하든, 21세기를 살아가는 우리는 『장자』를 통해 시대를 살아가는 혜안을 얻을 필요가 있다. 장자에게서 각 편의 제목은 우리에게 익숙하기보다는 너무나 생소한 것이 많기

逍 거닐 소
遙 멀 요
齊 가지런할 제

때문에, 미리 훑어보면서 이해를 도모하는 것도 좋은 방법이다.

『장자』의 「내편」은 내용에 따라 제목을 붙였으나, 「외편」과 「잡편」은 각 편 서두의 글자를 따서 제목을 붙이고 있다. 「내편」에는 소요유逍遙遊, 제물론齊物論, 양생주養生主, 인간세人間世, 덕충부德充符, 대종사大宗師, 응제왕應帝王 등이 실려 있고, 「외편」에는 변무駢拇, 마제馬蹄, 거협胠篋, 재유在宥, 천지天地, 천도天道, 천운天運, 각의刻意, 선성繕性, 추수秋水, 지락至樂, 달생達生, 산목山木, 전자방田子方, 지북유知北遊 등이, 「잡편」에는 경상초庚桑楚, 서무귀徐无鬼, 즉양則陽, 외물外物, 우언寓言, 양왕讓王, 도척盜跖, 설검說劍, 어부漁父, 열어구列禦寇, 천하天下편 등이 실려 있다. 이들 이야기는 의미상 비슷하면서도 다른 것들이 복잡하게 얽혀 있다.

그러나 그 중심 사상은 한 마디로 얘기하면 '무無' 자에 있다고 해도 과언이 아니다. 무심無心, 무용無用, 무기無己, 무위無爲, 무지無知, 무언無言, 무시비無是非, 무피차無彼此, 무생사無生死, 무내외無內外 등. 그는 인간 세상에서 상식적으로 저질러지는 모든 일들에 대한 분별과 구분, 차별의 세계를 벗어난 자유자재의 해탈 세계를 추구한다. 장자의 생각은 거의가 이 무에 집중되어 있다고 생각하고 책을 읽으면 좋다. 그래서 우리가 일상적으로 보고 있는 현상적인 것, 현실적인 것, 세속적인 것을 해체해 보라! 그러면 어렴풋이 장자가 보일 것이다.

원문 맛보기

北冥有魚, 其名爲鯤.[1] 鯤之大, 不知其幾千里也. 化而爲鳥, 其名爲鵬.[2] 鵬之背, 不知其幾千里也. 怒而飛, 其翼若垂天之雲. 是鳥也, 海運則將徙於南冥.[3] 南冥者, 天池也.

북녘 바다에 물고기가 있는데, 그 이름을 곤이라 한다. 곤의 크기는 몇 천리가 되는 지 알 수 없다. 변해서 새가 되면 그 이름을 붕이라 한다. 붕의 등 넓이는 몇 천리나 되는 지 알 수 없다. 힘차게 날아오르면 그 날개는 하늘 가득히 드리운 구름과 같다. 이 새는 바다 기운을 따라 장차 남쪽 바다로 날아가려고 한다. 남쪽 바다는 천지이다.

1) 鯤(곤): 원래 물고기로 태어나기 이전의 알을 의미하지만, 장자는 큰 물고기 이름으로 씀.
2) 鵬(붕): 봉鳳의 고자古字. 상상의 큰새.
3) 運(운); 행行의 의미로 가다.

齊諧者, 志怪者也.[4] 諧之言曰. 鵬之徙於南冥也, 水擊三千里, 摶扶搖而上者九萬里.[5] 去以六月息者也.[6]

제해는 괴이한 일을 아는 사람이다. 제해의 말에 의하면, 붕이 남쪽 바다로 날아갈 때 파도를 일으키는 데 3천리나 되며, 회오리바람을 타고 9만리나 오른다. 그런 뒤에 6개월이나 가서 쉰다.

4) 志(지): 알다.
5) 摶(단): 회오리바람이 빙글빙글 돌며 솟구쳐 오름. 扶搖(부요): 회오리바람.
6) 六月(6월): 6개월, 반년의 기간. 혹은 6월로 기가 왕성하고 바람이 많이 이는 계절을 말함.

野馬也,[7] 塵埃也,[8] 生物之以息相吹也. 天之蒼蒼, 其正色邪.[9] 其遠而無所至極邪. 其視下也, 亦若是則已矣.

아지랑이와 먼지는 생물이 서로 입김으로 내뿜는 것이다. 하늘의 푸르른 빛은 진정 제 빛깔일까. 멀리 떨어져서 끝이 없기 때문

7) 野馬(야마): 아지랑이.
8) 塵埃(진애): 먼지, 티끌.
9) 正色(정색): 제 빛깔.

일까. 아래를 내려다 볼 때, 또한 이와 같을 것이다.

10) 坳堂(유당): 움푹 패인 곳.
11) 芥(개): 조그마한 풀.
12) 夭閼(요알): 앞길을 가로 막음.
13) 圖南(도남): 남쪽으로 가려고 함.

且夫水之積也不厚, 則其負大舟也無方. 覆杯水於坳堂之上,[10] 則芥爲之舟.[11] 置杯焉則膠, 水淺而舟大也. 風之積也不厚, 則其負大翼也無力. 故九萬里, 則風斯在下矣, 而後乃今培風. 背負靑天而莫之夭閼者,[12] 而後乃今將圖南.[13]

또 물이 고인 곳이 깊지 않으면, 큰 배를 띄울 만한 힘이 없다. 한 잔의 물을 마루의 패인 곳에 엎지르면 작은 풀잎은 떠서 배가 된다. 거기에 잔을 놓으면 바닥에 닿는데, 물은 얕은 데 배는 크기 때문이다. 바람 쌓인 것이 두텁지 않으면 큰 날개를 띄울만한 힘이 없다. 그러므로 9만리나 올라가야 바람이 쌓이고, 그 후에 바람을 탈 수 있다. 그리고 푸른 하늘을 등에 지고 아무런 장애 없이 남쪽으로 향하게 된다.

14) 枋(방): 콩과에 속하는 작은 상록 교목.
15) 控於地(공어지): 땅에 내동댕이쳐짐.
16) 三飡(삼창): 세 끼의 식사. 하루를 말함.
17) 果然(과연): 과실.
18) 宿舂糧(숙용량): 전날 밤 곡식을 찧어 양식을 준비함.
19) 彭祖(팽조): 요임금 때부터 은나라나 주나라까지 7~8백년을 살았다는 전설적인 인물. 장수한 사람을 비유할 때는 팽조를 들어 얘기함.

與學鳩笑之曰. 我決起而飛, 槍楡枋,[14] 時則不至, 而控於地而已矣.[15] 奚以之九萬里而南爲. 適莽蒼者, 三飡而反,[16] 腹猶果然.[17] 適百里者, 宿舂糧.[18] 適千里者, 三月聚糧. 之二蟲又何知. 小知不及大知, 小年不及大年. 奚以知其然也. 朝菌不知晦朔, 蟪蛄不知春秋. 此小年也. 楚之南有冥靈者, 以五百歲爲春, 五百歲爲秋. 上古有大椿者, 以八千歲爲春, 八千歲爲秋, 此大年也. 而彭祖乃今以久特聞,[19] 衆人匹之, 不亦悲乎. (「逍遙遊」)

매미와 비둘기가 그를 비웃으며 말한다. 우리는 힘껏 날아올라 봐야 느릅나무나 다목나무에 머무르지만, 때로 거기에도 이르지 못해 땅바닥에 떨어진다. 어째서 9만리나 올라가 남쪽으로 가려하는가. 교외의 들판에 나가는 자는 세 끼의 식사만으로 돌아와도 아직 배가 부르다. 백 리 길을 가는 사람은 하루 밤 곡식을 찧어야 한다. 천 리 길을 가는 사람은 석 달 동안 식량을 모아야 한다. 이 조그만 벌레와 새가 어찌 (대붕의 비상을) 알겠는가. 작은 지혜는 큰 지혜에 미치지 못하고 짧은 수명은 긴 수명에 미치지 못한다. 어찌 그렇다는 것을 아는가. 곰팡이는 밤과 새벽을 모르고, 매미는 봄과 가을을 모른다. 이것이 짧은 수명이다. 초나라 남쪽에 명령이라는 나무가 있는데, 5백년 동안은 봄이고, 5백년 동안은 가을이다. 아득한 옛날 대춘이란 나무가 있었는데, 8천년 동안은 봄이고, 8천년 동안은 가을이었다. 이것이 긴 수명이다. 그런데 팽조가 (7백년 산 사람으로) 아주 유명하여 이에 견주려 하니, 어찌 슬프지 아니한가.

생각의 창

소요유逍遙遊는 구속이 없는 절대 자유의 경지에서 노니는 것을 의미한다. 마치 대붕이 북해로 날아가는 것처럼, 무한한 허공을 힘차게 날아 올라가서 미지의 세계로 간다. 장자는 소요유에서 '사물에 얽매인 현실을 초월하여 대자연의 무궁한 생명력의 품속에서 자유롭게 노니는 정신' 을 보여주고 있다.

昔者, 莊周夢爲胡蝶.[20] 栩栩然胡蝶也,[21] 自喩適志與,[22] 不知周也. 俄然覺, 則遽遽然周也.[23] 不知周之夢爲胡蝶, 胡蝶之夢爲周與. 周與胡蝶, 則必有分矣. 此之謂物化.[24] (「齊物論」)

옛적에 장주가 나비가 된 꿈을 꾸었다. 훨훨 날아다니는 나비가 되어 유쾌하게 즐기며 장주라는 것을 알지 못했다. 그러다 문득 깨

20) 莊周(장주): 장자莊子의 이름.
21) 栩栩然(허허연): 나는 모양. 즐거운 모양.
22) 喩(유): 즐기다. 즐거워하다. 適志(적지): 마음에 유쾌함.
23) 遽遽然(거거연): 명확하고 뚜렷한 모습.
24) 物化(물화): 하나의 것이 다른 것으로 바뀌는 것. 생生과 사死도 물화이고 장주가 나비로 바뀐 것도 물화.

어보니, 틀림없는 장주가 아닌가. 장주가 꿈에 나비가 되었는가. 나비가 꿈에 장주가 된 것인가. 장주와 나비는 반드시 구별이 있다. 이를 만물의 변화라고 한다.

생각의 창

유명한 호접몽胡蝶夢이야기이다. 만물의 변화란 바로 '장주 나비'와 같은 것이며, 인과의 관계로 이루어지는 것은 아니다. 장주와 나비 사이에는 피상적인 분별의 차이는 있어도 절대적인 변화는 없다. 장주=나비의 경지가 강조된다. 이른 바 물아일체物我一體의 경지를 보여준다.

庖丁爲文惠君解牛.[25] 手之所觸, 肩之所倚, 足之所履, 膝之所踦, 砉然嚮然,[26] 奏刀騞然.[27] 莫不中音, 合於桑林之舞,[28] 乃中經首之會.[29]

포정이 문혜군을 위해 소를 잡은 일이 있다. 손을 대고, 어깨를 기울이고, 발로 밟고, 무릎을 구부림에 따라, 서걱서걱 소리를 내고, 칼이 움직이는 대로 싹둑싹둑 (소잡는 소리가) 울렸다. 소리가 모두 음율에 맞고 상림의 무악에도 조화되며 경수의 음절에도 맞았다.

文惠君曰. 譆, 善哉. 技蓋至此乎. 庖丁釋刀對曰. 臣之所好者道也. 進乎技矣. 始臣之解牛之時,所見无非全牛者. 三年之後, 未嘗見全牛也. 方今之時, 臣以神遇而不以目視. 官知之而神欲行.[30] 依乎天理, 批大郤,[31] 導大窾,[32] 因其固然.[33] 枝經肯綮之未嘗.[34] 而況大軱乎!

25) 庖丁(포정): 사람 이름. 文惠君(문혜군): 양혜왕과 동일 인물이라고는 하나 허구임.

26) 砉然嚮然(획연향연): 획연은 칼로 소 같은 짐승을 자를 때, 살이 뼈에서 떨어져 나가는 소리를 형용함.

27) 奏刀(주도): 칼을 쓰다. 騞然(획연): 획연騞然보다 더 큰 소리를 형용한 말.

28) 桑林(상림): 무악舞樂의 이름. 은나라 탕임금이 상산桑山에서 기우제祈雨祭를 지낼 때 만들었다고 함.

29) 經首(경수): 요임금이 함지咸池의 악장을 짓고, 경수의 시를 지어 천제天帝를 제사 지냈다는 이야기가 있음.

30) 官知(관지): 감각 기관의 작용. 神欲(신욕): 정신의 작용.

31) 批大郤(비대각): 뼈나 살 사이에 있는 큰 틈새를 열어 헤침.

32) 導大窾(도대관): 뼈나 마디 사이에 있는 큼직하게 빈곳에 칼을 넣음.

문혜군이 말했다.

"아, 훌륭하도다. (소잡는) 기술이 어떻게 이른 경지까지 오를 수 있는가."

포정이 칼을 놓고 말했다.

"제가 좋아하는 것은 도입니다. 기술 따위보다 우월한 것이지요. 처음 제가 소를 잡을 때는 눈에 보이는 것은 모두 소 뿐이었습니다. 3년이 지나자 소의 온 모습은 눈에 안 띄게 되었습니다. 지금 저는 소를 정신으로 대하고 있고 눈으로 보지는 않습니다. 눈의 작용이 멎으니 정신의 자연스런 작용만 남습니다. 천리를 따라 커다란 틈새와 빈 곳에 칼을 놀리고 움직여 생긴 그대로를 따라갑니다. 기술의 묘함은 아직 한 번도 살이나 뼈를 다친 적이 없습니다. 하물며 큰 뼈야 말할 것이 있겠습니까."

33) 固然(고연): 본래 그런 것. 소의 골격이나 근육 등이 그대로 붙은 모양.

34) 肯綮(긍경): 뼈에 붙은 살과 근육 · 힘줄이 붙은 곳.

良庖歲更刀, 割也. 族庖月更刀, 折也. 今臣之刀十九年矣, 所解數千牛矣, 而刀刃若新發於硎.[35] 彼節者有閒, 而刀刃者無厚. 以無厚入有閒, 恢恢乎, 其於遊刃,[36] 必有餘地矣. 是以十九年而刀刃若新發於硎

35) 硎(형): 숫돌.

36) 遊刃(유인): 칼을 마음대로 움직임.

솜씨 좋은 소잡이가 1년 만에 칼을 바꾸는 것은 살을 가르기 때문입니다. 보통 소잡이는 달마다 칼을 바꾸는 데, 뼈를 자르기 때문입니다. 제 칼은 19년이나 되어 수천 마리의 소를 잡았지만 칼날은 방금 숫돌에서 간 것과 같습니다. 저 뼈마디에는 틈새가 있고, 칼날에는 두께가 없습니다. 두께 없는 것을 틈새에 넣으니, 널찍하여 칼날을 움직이는 데 반드시 여유가 있습니다. 그러므로 19년이 되었는데도 칼날은 방금 숫돌에서 간 것과 같습니다.

雖然, 每至於族, 吾見其難爲,[37] 怵然爲戒, 視爲止, 行爲遲. 動刀甚微, 謋然已解, 牛不知其死也,如土委地. 提刀而立, 爲之四顧, 爲之躊躇滿志, 善刀而藏之. 文惠君曰. 善哉. 吾聞庖丁之言, 得養生焉. (「養生主」)

비록 그러하지만, 근육과 뼈가 엉긴 곳에 이를 때마다, 저는 그 어려움을 보고 두려움을 지닌 채 경계하여, 눈길을 주시하고 천천히 손을 움직입니다. 칼을 미묘하게 움직이면 살이 뼈에서 떨어지는데, 소는 죽는 것도 알지 못하고, 흙덩이가 땅에 덜어지는 듯합니다. 칼을 든 채 일어나서 주변을 살펴보며 잠시 머뭇거리다 흐뭇해지면, 칼을 씻어 넣습니다." 문혜군이 말하였다.

"훌륭하도다. 나는 포정의 말을 듣고 양생의 도를 터득했다."

37) 難爲(난위): 칼질하여 처치하기 어렵다.

생각의 창

모든 일에 순응하고 어떤 일에도 구애받지 않으며 자연 그대로의 본성을 구가하며 참된 인생을 보낼 수 있을까? 양생주養生主는 참된 삶을 누리는 요체를 뜻한다. 소를 잡는 포정의 모습을 보면 거의 신기에 가깝다. 단순한 소잡는 기술이 아니라, 자연의 이치를 완벽하게 체득한 도의 구현자처럼 보인다.

南海之帝爲儵, 北海之帝爲忽,[38] 中央之帝爲混沌.[39] 儵與忽, 時相與遇於混沌之地, 混沌待之甚善. 儵與忽謀報混沌之德, 曰. 人皆有七竅,[40] 以視聽食息, 此獨無有. 嘗試鑿之. 日鑿一竅, 七日而混沌死.
(「應帝王」)

남해의 임금을 숙이라 하고, 북해의 임금을 홀이라 하며, 중앙의 임금을 혼돈이라고 한다. 숙과 홀이 때마침 혼돈의 땅에서 만났는

38) 儵(숙)과 忽(홀)은 제왕 이름 같으나 가탁한 것. 숙은 현상이 재빨리 나타나는 모양이고, 홀忽은 재빨리 사라지는 모양으로 유有와 무無의 상대를 나타냄.

39) 中央(중앙): 남과 북의 중간으로 표현되었지만 미분화의 영역으로 상대를 초월한 절대의 경지. 混沌(혼돈): 제왕 이름으로 되어 있으나 사물의 미분화 상태, 혹은 자연 그대로의 모습.

40) 七竅(칠규): 일곱 개의 구멍. 즉 눈, 귀, 코에 구멍이 두 개씩 있고 입이 하나의 구멍임.

데, 혼돈이 매우 융숭하게 그들을 대접했다. (그러자) 숙과 홀은 혼돈의 은덕(대접)에 보답할 것을 논의했다. 논의하기를, '사람은 누구나 일곱 구멍이 있어서 그것으로 보고 듣고 먹고 숨쉬는 데, 유독 혼돈에게만은 이것이 없다. 시험삼아 구멍을 뚫어 주자.' (그리고는) 날마다 한 구멍씩 뚫었는데, 7일이 지나자 혼돈은 죽고 말았다.

생각의 창

이 우화는 인간의 억지 행동이 자연의 순박함을 파괴했음을 상징적으로 묘사하고 있다. 대부분의 인간은 무언가를 꾸미거나 만들어 낸다. 그것을 세련화 과정으로 이해하며 인간은 '문화' 혹은 '문명' 이라는 말로 포장한다. 그런데 문명이나 문화가 지나치면, 인간은 스스로 생명력을 잃는다.

東郭子[41]問於莊子曰. 所謂道, 惡乎在. 莊子曰, 無所不在. 東郭子曰, 期而後可. 莊子曰, 在螻蟻. 曰, 何其下邪. 曰, 在稊稗.[42] 曰, 何其愈下邪. 曰, 在瓦甓. 曰, 何其愈甚邪. 曰, 在屎溺. 東郭子不應. 莊子曰. 夫子之問也, 固不及質. 正獲之問於監市履豨也,[43] 每下愈況.[44] 汝唯莫必, 无乎逃物. 至道若是, 大言亦然. 周遍咸三者, 異名同實, 其指一也. (「知北遊」)

동곽자가 장자에게 물었다.
"이른바 도란 어디에 있습니까?"
장　자: "없는 곳이 없소."
동곽자: "도 있는 곳을 분명히 가리켜 주십시오."
장　자: "땅 강아지나 개미에게 있소."
동곽자: "어째서 그런 하찮은 것에 있습니까?"

41) 東郭子(동곽자): 전자방田子方의 스승으로 동곽東郭에 살았기 때문에 붙여진 이름.

42) 稊稗(제패):돌피와 피. 화본과에 속하는 1년초.

43) 正獲(정획): 정은 벼슬 이름. 획은 사람 이름. 監市(감시): 시장의 우두머리로 시장을 감시 관리하는 자. 履豨(리희): 리履는 밟음. 희豨는 큰 돼지를 말함. 큰 돼지를 발로 밟고 그 살찐 모양을 살핌.

44) 況(황): 비교하여 유추함.

장　자: "돌피나 피에 있소."

동곽자: "어째서 점점 더 낮아집니까?"

장　자: "기와나 벽돌에도 있소."

동곽자: "어째서 그렇게 차츰 더 심하게 내려갑니까?"

장　자: "똥이나 오줌에도 있소."

동곽자가 말문이 막혀 아무 대꾸도 하지 못했다.

장　자: "당신의 질문은 본디부터 본질에 미치지 못했소. 장터를 관장하는 벼슬아치가 감독자에게 돼지를 밟게 하여 (돼지에 대해) 물을 때도 (엉덩이나 다리 쪽) 아래로 내려갈수록 잘 알 수 있는 것이오. 당신은 도가 어디에 있다고 한정해서도, 도가 사물과 동떨어졌다고 해서도 안 되오. 지극한 도는 이와 같으며 위대한 말도 마찬가지라오. 주周・편遍・함咸 세 자는 이름은 다르지만 실제 뜻은 같소. 이처럼 (도란 어디에나 있어) 그 뜻은 하나인 것이오."

생각의 창

도는 형체가 없다. 이목구비耳目口鼻의 오감으로 느낄 수 없다. 즉 인간의 인식을 초월한다. 그것은 보이지 않는 형태로 모든 사물에 깃들어 있다. 흔히 사람들이 느끼는 거대한 그 무엇이 아니라, 모든 존재에, 나름대로의 자연성으로서 도가 충만해 있다.

개념 용어 정리

다음에 제시한 용어나 개념의 의미를 확인하고, 일상생활의 교양 수준에서 어떻게 활용할 수 있는지, 실천 방안을 고민해 보자.

* 逍遙:
* 鵬 :
* 胡蝶夢:
* 庖丁解牛:
* 養生:
* 道:

생각 넓히기

1. '소요逍遙'의 의미를 간략하게 설명하고, 자신의 '소요'에 대한 추억을 기술해 보자.
2. '포정해우庖丁解牛'에서 느낄 수 있는 자연의 법칙을 설명해 보자.
3. "도가 똥과 오줌에도 있다"는 장자의 발언을 비판적으로 논의해 보자.

「장자」이해에 도움이 될 만한 책

안동림 역주. 『장자』. 서울: 현암사, 2000.
오강남. 『장자』. 서울: 현암사, 2003.
이아무개. 『이 아무개의 장자 산책』. 서울: 삼인, 2004.
모로하시 데쓰지(조성진 역). 『장자이야기』. 서울: 사회평론, 2005.
왕보(김갑수 옮김). 『장자를 읽다』. 서울: 바다출판사, 2007.

읽기자료

상대적으로 공평한 세계

장자를 읽을 때, 주의할 점이 있다. 현실에 익숙한 우리의 눈과 귀를 그대로 활용하면 장자를 볼 수 없다. 그것을 재검토하며 눈앞에서만 보아왔던 유有의 세계를 무無로 전화해 가야 한다. 그렇지 않고 형식에 매달린 현실의 눈으로만 보면 장자는 좀처럼 읽히지 않는다.

장자는 세상 모든 것을 고르게 바라본다. 사람이나 저 창공의 새나 길가에 박힌 돌이나 다 나름대로 의미를 지닌 존재들이다. 인간만이 귀중하고 돌은 하찮은 것이 아니다. 그러기에 "똥오줌에도 도가 있다"고 말했다. 사람 사이에 있어서도 마찬가지다. 이런 것을 두고 상대적이라고 할 수도 있겠다. 일찍이 고대 서양의 아리스토텔레스는 인간의 존재 목적을 행복의 성취로 보았다. 그런데 사람마다 행복을 성취하는 데는 정도의 차가 있다. 사람마다 느끼는 행복의 도와 방법은 다를 수 있다는 말이다. 장자는 인간이 제각각의 본성을 자유롭게 전개해가면서 상대적인 행복감에 젖어들 수 있다고 한다. 즉 어떤 사람은 학자가 되고, 어떤 사람은 기능공이 되고, 어떤 사람은 청소부가 되어 자기가 만족하는 인생을 살 수 있는 것이다. 요즘처럼 모두가 획일적으로 대학을 졸업해야 하는 것이 아니다. 중요한 것은 모든 이가 자기 본성의 자유로운 전개라는 자연적 소질을 충분히 펴야만 한다. 우리의 자연성, 천성天性이 충분히 그리고 자유롭게 전개될 때, 행복을 느끼는 것이다.

장자의 생각은 아주 상식적이다. "자연적인 것은 안에 있고 인위적인 것은 밖에 있다. 소와 말에 네 발이 달린 것은 자연이요, 소의 코를 뚫어 꼬뚜레를 하는 것과 말의 입에 자갈을 물리는 것은 인위이다." 소와 말은 네 발 짐승이다. 그리고 풀을 뜯어먹고 산다. 그런데 인간들은 편히 부려먹기 위해 소에게 꼬뚜레를 하고 말에게 재갈을 물려 그들을 자유롭게 두지 않고 구속시켰다. 이는 인위로 자연을 파멸시킨 것이다. 즉 고의로 천성을 망친 일이다. 장자는 부탁한다. "제발 그대로 내버려 두시오. 그래야 진정한 도로 돌아갈 수 있소"라고. 정말 인간에게 그럴 권리가 있을까? 도구의 편리함, 문명·인위를 추구하는 인간에게 장자는 매우 엄하게 내리친다.

장자는 세상 사물의 행복에 대해 또 이런 예도 들고 있다. 기夔는 발이 하나밖에 없는 동물이다. 그래서 항상 발이 많은 노래기를 부러워했다. 그런데 발이 많이 달린 노래기는 오히려 발이 없는 뱀을 부러워했다. 뱀은 아무런 모습이 없는 바람을 부러워했다. 기와 노래기와 뱀은 모두가 자기에게 부족한 것을 발견하고 다른 것에 대해 다소간 부러움의 표시를 한 듯하다. 자기 자신에 대한 프라이드가 없었기 때문일까?

기는 노래기에게 말했다. "나는 외발로 깡충거리며 다니지만 그것조차도 힘에 부친다네. 그런데 자네는 만개의 발을 쓰고 있으니 도대체 어찌된 건가?" 정말 부럽네. 노래기가 대답했다. "나는 내 마음의 자연스런 발동을 그대로 따르고 있을 뿐, 어째서 발이 움직이는지를 모른다네." 그리고는 노래기가 뱀에게 물었다. "나는 많은 발로 걸어가지만 발이 없는 자네를 따르지 못하다니, 어째서인가?" 뱀이 대답했다. "본래의 자연스런 발동으로 움직이고 있는 걸 어찌 바꿀 수 있겠나? 그러니 내가 어찌 발 따위를 쓸 필요가 있겠는가?" 뱀이 바람에게 물었다. "나는 내 등이나 겨드랑이를 움직여서 가니까 발이 있는 것과 같다네. 그런데 자네는 지금 휘휘 울리며 북해에서 일어나 남해로 들어가고 있는데, 마치 발이 없는 것 같으니 어째서인가?" 바람은 대답했다. "그러나 내게 손가락을 세우면 나는 그 손가락을 이기지 못하고 내게 발길질하면 역시 나는 이기지 못한다네. 하지만 저 큰 나무를 꺾고 큰집을 날려 버리는 짓은 다만 나만이 할 수 있는 거라네. 갖가지 작은 일에는 이기지 않는 편이 크게 이기는 걸세"

이들의 대화를 보고 잘 생각해 보라. 발이 있는 것과 없는 것의 차이를 통해 무엇을 느꼈는가? 모든 사물은 자기 존재의 근거와 이유가 있다. 누가 잘나고 못난 것이 아니다. 단지 자기가 하늘로부터 받은 대로 가지고 살아가고 있을 뿐이다. 사람들 사이에도 그 성질이 가지각색이고 그 소질도 다 다르다. 그러나 공통적인 것은 자기의 소질을 충분히 그리고 자유롭게 펴게 되면 마치 기와 노래기와 뱀과 바람의 예처럼 모두가 고루 행복해 진다는 것이다.

또 다음과 같은 유명한 비유도 있다. 두루미의 다리가 길다고 자르지 말고, 오리의 다리가 짧다고 길게 이어주지 말라고. 다음은 장자의 한 마디이다.

가장 올바른 길을 가는 사람은 태어난 그대로의 자연스러운 모습을 잃지 않는다. 그래서 두 발가락이 붙어 있어도 네 발가락이라 생각지 않고 손가락이 하나 더 있어도 여섯 손가락이라 여기지 않는다. 길다고 그것을 여분으로 생각지 않으며 짧다고 그것을 부족하게 여기지 않는다. 그러니까 물오리는 비록 다리가 짧지만 그것을 길게 이어 주면 괴로워하고 두루미의 다리는 길지만 그것을 짧게 잘라주면 슬퍼한다. 때문에 본래부터 긴 것을 잘라서는 안 되며 본래부터 짧은 것을 이어 주어서도 안 된다. 그러니 여기에 대해 근심하고 두려워할 까닭은 없다.

우리 사회에서 신체의 어떤 단점을 지니고 있다고 생각한 사람은 조금 편안해 질지도 모르겠다. 예컨대 다리가 짧다고 슬퍼하거나 다리가 길다고 즐거워 할 필요도 없다. 숏다리면 어떻고 롱다리면 어떤가! 숏다리는 숏다리대로 롱다리는 롱다리대로 쓰임이 있다. 또한 장애인 문제를 생각해도 마찬가지이다. 세계적인 과학자 스티븐 호킹 선생을 아는가. 그는 온 몸이 마비된 상태로도 정상인보다 뛰어난 과학적 업적을 남기고 있다. 이른바 장애인을 초월했다. 절대적 기준은 없다. 있는 그대로의 모습을 통해 제대로 사물을 인식하자. 이제 우리는 일상의 편견을 버릴 줄 알아야 하겠다.

참고자료

강병창 역. 『중용』. 서울: 명문당, 2004.
김 근. 『욕망하는 천자문』. 서울: 삼인, 2003.
김기현. 『대학, 진보의 동아시아적 의미』. 서울: 사계절, 2002.
김달진 옮김. 『고문진보』. 서울: 문학동네, 2000.
김상섭. 『내 눈으로 읽은 주역』. 서울: 지호, 2006.
김성동. 『천자문-하늘의 섭리 땅의 도리』. 서울: 청년사, 2004.
김성원 역. 『명심보감강의』. 서울: 명문당, 2001.
김수길 역. 『대학』. 서울: 대유학당, 1999.
김수길 편역. 『중용』. 서울: 대유학당, 2001.
김영수. 『역사의 등불 사마천 피로 쓴 사기』. 서울: 창해, 2004.
김용옥. 『노자와 21세기』. 서울: 통나무, 1999.
김용옥. 『도올논어』. 서울: 통나무, 2001.
김원중 옮김. 『사기열전』. 서울: 을유문화사, 2000
김진식 역. 『명심보감』. 서울: 학민사, 2006.
김충렬. 『김충렬 교수의 노자강의』. 서울: 예문서원, 2004.
김충렬. 『김충렬교수의 중용대학강의』. 서울: 예문서원, 2007.
김학주 역. 『시경』. 서울: 명문당, 2002.
김학주 옮김. 『고문진보』. 서울: 명문당, 2005.
김학주. 『서경』. 서울: 명문당, 2002.
남기현. 『춘추공양전』. 서울: 자유문고, 2005.
남회근(설순남 옮김). 『대학강의』. 서울: 씨앗을 뿌리는 사람들, 2004.
勞思光(정인재 역). 『中國哲學史』. 서울: 탐구당, 1986.
唐莫曉 注釋. 『詩經全譯』. 貴州: 貴州人民出版社, 1992.

동중서(신정근 옮김). 『춘추 역사해석학』. 서울: 태학사, 2006.
마르셀 그라네(신하령 외 옮김). 『중국의 고대축제와 가요』. 서울: 살림, 2005.
모로하시 데쓰지(조성진 역). 『장자이야기』. 서울: 사회평론, 2005.
박경환 역. 『맹자』. 서울: 홍익출판사, 2005.
박광민. 『천자문에서 삶의 길을 찾다』. 서울: 넥서스아카데미, 2006.
박완식. 『중용』. 서울: 여강출판사, 2005.
박이문. 『논어의 논리』. 서울: 문학과 지성사, 2005.
박일봉 역. 『고문진보』. 서울: 육문사, 2000.
박일봉 역저. 『명심보감』. 서울: 홍신문화사, 2007.
배병삼. 『한글 세대가 본 논어』. 서울: 문학동네, 2002.
사마천(정범진 외 옮김). 『사기』. 서울: 까치, 1999.
謝无量 著. 『詩經研究』. 上海: 商務印書館, 1923.
謝无量 著. 『詩經研究』. 上海: 商務印書館, 1923.
謝氷瑩等 編譯. 『新譯四書讀本』. 臺灣: 三民書局, 民國70.
서정기. 『새시대를 위한 서경』 상 · 하. 서울: 살림터, 2003.
성균관. 『사자소학』. 서울: 성균관출판부, 1997.
성동호 역해. 『천자문』. 서울: 홍신문화사, 1990.
성백효 역주. 『고문진보』. 서울: 전통문화연구회, 2001.
성백효 역주. 『論語集註』. 서울: 전통문화연구회, 1990.
성백효 역주. 『大學 · 中庸集註』. 서울: 전통문화연구회, 1991.
성백효 역주. 『맹자집주』. 서울: 전통문화연구회, 1991.
성백효 역주. 『서경집전』. 서울: 전통문화연구회, 1993.
성백효 역주. 『시경집전』 상?하. 서울: 전통문화연구회, 1993.
성백효. 『사자소학』. 서울: 전통문화연구회, 1992.
성백효. 『주해 천자문』. 서울: 전통문화연구회, 1992.
송재국. 『송재국 교수의 주역 풀이』. 서울: 예문서원, 2000.
순 잉퀘이 · 양 이밍(박삼수 역). 『주역』. 서울: 현암사, 2007.
쉬캉성(유희재 · 신창호 역). 『노자평전』. 서울: 미다스북스, 2003.
시모무라 고진(고운기 옮김). 『논어』. 서울: 현암사, 2003.
신동준. 『맹자론』. 서울: 인간사랑, 2006.
신창호. 『공부 그 삶의 여정』. 고양: 서현사, 2004.
심의용. 『주역, 마음 속에 마르지 않은 우물을 파라』. 서울: 살림, 2006.

안동림 역주. 『장자』. 서울: 현암사, 2000.
양방웅. 『중용과 천명』. 서울: 예경, 2006.
양주동 역. 『시경초』. 서울: 을유문화사, 1954
오강남. 『장자』. 서울: 현암사, 2003.
오세종. 『명심보감 교양한문』. 서울: 삼필문화사, 2007.
왕보(김갑수 옮김). 『장자를 읽다』. 서울: 바다출판사, 2007.
윤영춘 역해. 『詩經』. 서울: 한국협동출판공사. 1984.
이가원 감수. 『孟子』. 서울: 홍신문화사, 1997.
이가원 감수. 『詩經』. 서울: 홍신문화사, 1997.
이기동. 『서경강설』. 서울: 성균관대출판부, 2007.
이기동. 『시경강설』. 서울: 성균관대출판부, 2004.
이동환 역. 『명심보감』. 서울: 현암사, 1996.
이상진 외. 『서경』. 서울: 자유문고, 2004.
이성규. 『사마천 사기』. 서울: 서울대출판부, 2007.
이아무개. 『이 아무개의 장자 산책』. 서울: 삼인, 2004.
이장우 옮김. 『고문진보』. 서울: 을유문화사, 2007.
이정석. 『사자소학』. 서울: 에스디코리아, 2000.
임헌규. 『노자 도덕경 해설』. 서울: 철학과 현실사, 2005.
장기근 외 역. 『四書五經』(전12권). 서울: 평범사, 1979.
장기근 · 이석호 역. 『老子 · 莊子』. 서울: 삼성출판사, 1982.
張西堂 著. 『詩經六論』. 上海: 商務印書館, 1957.
장현근. 『맹자』. 서울: 살림, 2006.
田博元. 『國學導讀叢編(1)』「史記導讀」. 臺灣: 康橋出版事業公司, 民國79.
정후수 역주. 『論語集註』. 서울: 이화문화출판사, 2000.
조셉 니담(이석호 외 역). 『中國의 科學과 文明 II』. 서울: 을유문화사, 1986.
좌구명(신동준 옮김). 『춘추좌전』. 서울: 한길사, 2006.
좌구명(정태현 옮김). 『춘추좌씨전』. 서울: 전통문화연구회, 2007.
주백곤 외(김학권 옮김). 『주역산책』. 서울: 예문서원, 1999.
진기환 역. 『사기강독』. 서울: 명문당, 2001.
진기환 역. 『史記講讀』. 서울: 명문당, 2001.
陳子展 著. 『詩經直解』. 上海: 復旦大學出版社, 1983.
진태하. 『사자소학』. 서울: 생동, 2002.
陳弘治. 『國學導讀叢編(1)』「孟子導讀」. 臺灣: 康橋出版事業公司, 民國79.

차주환 역. 『맹자』. 서울: 명문당, 2002.
천 웨이핑(신창호 옮김). 『공자평전』. 서울: 미다스북스, 2002.
천징(김대환 · 신창호 옮김). 『진시황 평전』. 서울: 미다스북스, 2001.
최대림 역해. 『史記』. 서울: 홍신문화사, 1997.
최인욱 역. 『古文眞寶』. 서울: 을유문화사, 1964.
최인욱 · 김형수 역. 『史記列傳』. 서울: 동서문화사, 1975.
최종례. 『고사성어로 읽는 춘추좌전』. 서울: 현음사, 2004.
최진규 역해. 『史記』. 서울: 고려원, 1996.
최진석. 『노자의 목소리로 듣는 도덕경』. 서울: 소나무, 2001.
馮右蘭(정인재 역). 『中國哲學史』. 서울: 형설출판사, 1977.
한상갑 역. 『四書集註』 I , II. 서울: 삼성출판사, 1976.
함현찬. 『사자소학』교사용지도서. 서울: 전통문화연구회, 2000.

찾아보기

저자소개

장영기(張榮基)

臺灣 東吳大學 中文硏究所 文學碩士
臺灣 東吳大學 中文硏究所 文學博士(Ph. D)
西京大學校 敎授(中語學科)
論著: 魏晉志怪文學之硏究 外 多數.

배인수(裵仁秀)

臺灣 東吳大學 中文硏究所 文學碩士.
中國 東北師範大學 中文學科 文學博士(Ph. D).
가톨릭大學校 外來敎授(大學院)
西京大學校 兼任敎授(中語學科)
論著: 〈故事新編〉與人類文化母題 外 多數.

신창호(申昌鎬)

한국학대학원 문학석사
고려대학교 교육학박사(Ph. D)
고려대학교 교육학과 교수
논저: 공부 그 삶의 여정 외 다수.

동양 고전의 세계

2007년 8월 25일 1판 1쇄 발행
2009년 3월 5일 1판 2쇄 발행
2011년 9월 15일 1판 3쇄 발행

지은이 장영기, 배인수, 신창호
펴낸이 조 재 성

펴낸곳 서현사
(410-817) 경기도 고양시 일산동구 백석 2동 1331-1 레이크하임 206호
전화 031-919-6643 팩스 031-912-6643

등 록 2002년 8월 14일 제03-01392호

ISBN 978-89-90357-75-5 93080
정 가 12,000원

잘못 만들어진 책은 바꾸어 드립니다.